Rosália Diogo

RASURAS NO ESPELHO DE NARCISO

educadoras negras e a crítica às representações do negro na mídia

MAZZA
edições

Coordenação editorial
Maria Mazarello Rodrigues

Direção da série
Edimilson Pereira e Prisca Agustoni
(Universidade Federal de Juiz de Fora)

Projeto de capa
Ozias Filho

Arte-final
Túlio Oliveira

Diagramação
Pablo Guimarães

D591r Diogo, Rosália.

Rasuras no espelho de Narciso: educadoras negras e a crítica às representações do negro na mídia / Rosália Diogo.– Belo Horizonte : Mazza Edições, 2008.

128p. (Coleção Setefalas).

ISBN 978-85-7160-463-6

1. Psicologia social. 2. Racismo. 3. Publicidade. 4. Propaganda. 5. Negros na mídia. I. Título. II. Série.

CDD:301.15
CDU: 316.6

Mazza Edições Ltda.
Rua Bragança, 101 – Bairro Pompéia – Telefax: (31) 3481-0591
30280-410 • Belo Horizonte - MG
e-mail: edmazza@uai.com.br
www.mazzaedicoes.com.br

Agradecimentos

À Sandra Azerêdo, que me escolheu para orientação, depois de algumas tentativas de ingresso no Mestrado.

Às minhas mães, Maria e Ciça, *in memoriam*.

A meu pai, Silo Diogo, que me ensina todos os dias.

A todos os meus amigos (vocês sabem quem são).

Aos meus irmãos e irmãs, pelos grandes desafios contra o racismo, que já atravessamos e ainda atravessamos nos dias atuais.

Aos meus sobrinhos, pelo ensinamento, carinho e respeito ao meu trabalho.

Às professoras que se dispuseram a participar das entrevistas, abrindo mão de algumas tardes, o meu agradecimento e gratidão pela generosidade e pelo envolvimento.

Sumário

RASURAS NO ESPELHO DE NARCISO
educadoras negras e a crítica às representações do negro na mídia

1. Apresentação

O trabalho de Rosália Diogo é importante, sobretudo, porque se propõe a ser uma intervenção contra o racismo que permeia a sociedade brasileira, mas que muitas vezes atua em silêncio, de forma insidiosa, apagando os traços de sua atuação violenta, de preconceito contra a diferença. A tal ponto que muita gente aqui no Brasil ainda acredita que "não somos racistas", como alardeia o título do livro de Ali Kamel (Rio: Nova Fronteira, 2006), diretor de jornalismo da *Rede Globo*. Tal crença é a base de pensarmos o Brasil como uma nação cordial, cuja miscigenação produz automaticamente uma tolerância maior com as pessoas que não são brancas, pois, aqui, nas palavras de Kamel, existiria o ideal de sermos "um povo misturado, em que ninguém sabe onde começa o branco e onde termina o negro" (2006, p. 142).

Não foi isso que Rosália encontrou em seu estudo com as educadoras da Rede Municipal de Belo Horizonte, que lhe falaram de "situações observadas e sentidas de discriminação e rejeição do(a) negro(a) no ambiente escolar", ambiente que, segundo elas, não era considerado apropriado para pessoas de sua cor. Contrariando a afirmação de Kamel, nessas situações as pessoas sabiam perfeitamente quais eram as fronteiras separando pessoas negras e brancas. Muitas dessas situações foram experimentadas pela própria Rosália, que, quando estava na escola em sua pequena cidade, percebia, pela hostilidade de colegas brancos/as, como seria difícil prosseguir seus estudos, e como isso se confirmou ao vir para Belo Horizonte e descobrir que o que lhe ofereciam como trabalho era o emprego doméstico. Talvez por isso tenha sido tão comovente o acontecimento de sua defesa de dissertação, em que recebeu a homenagem de muitas amigas e amigos, e em que nós, que fazíamos parte da banca, demo-nos conta mais uma vez de como é importante a Universidade se abrir para entender como as relações de poder estão ligadas às experiências que nos constituem como sujeitos – ao mesmo tempo submetidos ao discurso e produtores desse mesmo discurso, o que nos possibilita inventar formas de enfrentar a violência do racismo, mas ao mesmo tempo nos tem impedido de realmente enfrentá-lo. Uma dificuldade que se pode observar nesse sentido se acha no próprio uso do termo "tolerância" para nos referirmos ao sentimento que temos no Brasil em relação às pessoas que não são brancas, denunciando a desigualdade que sustenta nossas relações.

Rosália graduou-se em Comunicação Social e escolheu fazer o Mestrado em Psicologia Social justamente com o objetivo de relacionar a militância política com a subjetividade, buscando entender qual o papel da mídia – especialmente a propaganda e a publicidade veiculadas pela televisão – na manutenção ou resistência aos preconceitos e estereótipos raciais. Além disso, Rosália é educadora e acredita, como Paulo Freire, "que as grandes transformações podem não se dar pela educação, mas não se darão sem ela". Neste livro, ela nos conta sobre algumas mudanças importantes que já estão acontecendo na forma como as educadoras negras estão lidando com o preconceito racial, apresentando uma perspectiva mais crítica em relação ao papel que desempenham no processo de luta contra esse preconceito. Esperamos que a leitura de seu trabalho desperte em nós a coragem de nos engajarmos nessa luta, que não é apenas das pessoas que se consideram negras, mas é uma luta de todas e todos nós.

Sandra Azerêdo

2. Introdução

Este livro se originou da minha dissertação de Mestrado, defendida em maio de 2005, no Departamento de Psicologia da Universidade Federal de Minas Gerais, sob a orientação da Profª. Drª. Sandra Azerêdo. A pesquisa teve como objetivo central estudar como as professoras negras da Rede Municipal de Educação de Belo Horizonte relacionam a representação social do negro na publicidade televisiva e a educação escolar. Além disso, teve como objetivos específicos identificar se a representação social do negro na publicidade televisiva é tema relevante para as educadoras negras; verificar se essas educadoras têm feito algum movimento com vistas a perceber se há de fato, como denunciam os movimentos negros, um modo estereotipado ou a negação do patrimônio cultural do(a) negro(a) nos meios de comunicação. Pretendeu-se também analisar se as professoras negras pesquisadas consideravam a publicidade influente na formação identitária do negro.

Considerei que as metodologias qualitativas melhor se adequariam à minha pesquisa. A investigação da percepção de educadoras negras em relação à representação de negros(as) na publicidade televisiva foi feita por meio de grupos focais. Pensei ter feito uma opção satisfatória, principalmente a partir das argumentações de Gaskell:

> "[...] uma sinergia emerge da interação social. Em outras palavras, o grupo é mais do que a soma de suas partes. É possível observar o processo do grupo, a dinâmica da atitude e da mudança de opinião e a liderança de opinião. Em um grupo pode existir um nível de envolvimento emocional que raramente é visto em uma entrevista a dois." (2003, p.76).

Inicialmente havia a intenção de eu mesma ser a analista da publicidade televisiva veiculada. No entanto, fui percebendo que a minha compreensão de racismo adquirida há muitos anos, a minha militância dentro e fora da escola em torno de estratégias para o combate ao racismo, poderiam levar a pesquisa a compreensões predeterminadas. Daí, busquei um certo distanciamento ao privilegiar outras mulheres negras educadoras, como analistas da publicidade que envolve o negro, não abrindo mão, é claro, do lugar da pesquisadora em uma posição política e acadêmica de moderadora e relatora final das análises feitas. A mudança do objeto passou do olhar da pesquisadora para a publicidade, para a representação que as educadoras negras fazem da publicidade, ou seja, passei a analisar o pensamento delas em relação à publicidade com a presença de negros(as) e não mais a minha percepção direta como pesquisadora sobre o objeto. Fiz tal movimento tendo, também, como referência as reflexões de Lev Semenovich Vygotsky (1993). O autor conclui que o pensamento e a linguagem refletem a realidade e são as chaves para a compreensão da natureza da consciência humana. Fiquei a pensar se a minha leitura e percepção do racismo, de certo modo "arraigada" poderiam distorcer a possível compreensão das peças publicitárias que seriam analisadas. Concluí que, se outras pessoas fizessem a observação das peças publicitárias, enriqueceriam a percepção e análise sobre a leitura das mesmas.

O trabalho de René Barbier (1985) fala sobre a questão da implicação do pesquisador, o que também induziu a nossa mudança de objeto de estudo:

> A implicação no campo das ciências humanas pode ser definida como o engajamento pessoal e coletivo do pesquisador em e por sua práxis científica, em função de sua história familiar e libidinal, de suas posições passadas e atuais nas relações de produção e de classe, e de seu projeto sócio-político em ato de tal modo que o investimento que resulte inevitavelmente de tudo isso seja parte integrante e dinâmica de toda atividade de conhecimento. (1985, p. 120).

O autor fala ainda do nível psicoafetivo, que são os questionamentos pessoais que o pesquisador se faz no transcorrer da pesquisa. Para Barbier, o grau de implicação pode até mesmo bloquear ou paralisar a pesquisa, caso o pesquisador não dê conta de observar o que ele chama de contratransferência. Barbier discute ainda sobre o nível histórico e existencial, que é quando o pesquisador se depara com sua história, seus condicionamentos de classe, seus projetos e como isso é questionado e "trabalhado" quando se está realizando a pesquisa, à medida que, enquanto sujeito social, pensamentos e percepções sistemáticas auxiliarão a prática científica.

De acordo com Barbier, na maioria das vezes, o pesquisador oscila entre a fusão e a oposição ao campo pesquisado. A condição de mulher negra, de origem pobre e pesquisadora, encontra pontos para reflexões, principalmente na seguinte afirmação do autor:

> A implicação histórico-existencial, no fundo, significa que, enquanto ser social, o sujeito questionador estará sempre numa relação dialética com o objeto questionado através do canal essencial da práxis. A existência, a práxis e o projeto do pesquisador partem da história, passam pela história e voltam à história em seu vasto movimento de totalização dialética. Interrogar a implicação histórico-existencial do pesquisador é o mesmo que esclarecer a transversalidade histórica e mediatizada que estrutura e dinamiza o conjunto de seus projetos proclamados, de suas práticas em andamento e de seus produtos realizados. (1985, p.115).

Uma outra mudança no percurso foi a construção de uma equipe para os levantamentos de campo. A idéia surgiu a partir da verificação da iniciativa de uma colega de mestrado, que fez a defesa de sua dissertação em setembro de 2004 e utilizou essa técnica. A equipe ficou composta por três homens, estudantes do quarto período da graduação, e duas mulheres estudantes do terceiro período, que se autoclassificaram como negros. Todos do Departamento de Psicologia da Universidade Federal de Minas Gerais[1]. A discussão dos dados foi feita coletivamente, seguindo as orientações de Carlini-Cotrim:

> "[...] é necessário ao menos duas pessoas envolvidas na análise dos dados, que vão primeiramente o fazer de maneira

> independente entre si. O primeiro passo é possibilitar a imersão de cada pesquisador nos dados obtidos, através de uma leitura de todo o material obtido (transcrição das fitas gravadas), seguida da anotação das categorias qualitativas que sejam evidenciadas a partir desse primeiro contato sistemático com os dados. A partir daí, é necessário que os dois profissionais envolvidos na análise verifiquem seus achados, confiram as semelhanças e diferenças, e cheguem, através da constante revisão dos dados, a um consenso do que deve ser mantido como achados legítimos do material obtido ou eliminado." (1996, p. 290).

O movimento de construir uma equipe não se deu somente pelos motivos citados acima em relação à minha implicação com o tema. Pensei que trabalhar em equipe facilitaria a compreensão de fenômenos sociais, à medida que diferentes atores, com vivências diferenciadas tentariam captar os diferentes aspectos das situações que seriam relatadas. A equipe construiu as categorias para a análise a partir da leitura e releitura das transcrições das entrevistas feitas com as educadoras. As transcrições foram feitas pelos membros da equipe que acompanharam cada grupo focal na condição de observadores. Foram dois observadores em cada grupo e a pesquisadora foi a facilitadora dos grupos. Todos os membros da equipe fizeram um relatório contendo as observações dos grupos focais. As observações registram desde a postura do grupo até os pontos recorrentes na hora do debate, bem com os momentos em que ocorria mais ou menos entusiasmo entre as participantes.

Contamos nesta pesquisa com a participação de quatorze educadoras negras, entrevistadas por dois grupos focais, de duas sessões cada um, com sete mulheres em cada grupo. Todas se autoclassificaram como negras. Segundo Carlini-Cotrim, o grupo focal pode ser considerado uma espécie de entrevista de grupo, embora não no sentido de ser um processo no qual se alternam perguntas do pesquisador e resposta dos participantes. Diferentemente, a essência do grupo focal consiste justamente na interação entre seus participantes para colher dados, a partir de tópicos que são fornecidos pelo pesquisador (que vai ser, no caso, o moderador do grupo).

Coleta de dados / material

Encontramos, em consulta via Internet, uma nota de repúdio de um grupo cultural baiano ao comercial "Fiat Strada pode ser como um black power". A nota trazia, além da foto de um rapaz negro, protagonista do comercial, um texto afirmando que a publicidade tinha um teor discriminatório, pois o jovem, em sua mais expressiva negritude, estava sendo tratado com desrespeito à sua "estética genuinamente negra", segundo expressão da entidade. Tal grupo baiano alegava que o enorme cabelo do rapaz era utilizado como "depósito" de diversos objetos, inclusive um cachorro, sugerindo falta de higiene.

Como esta publicidade estava sendo veiculada à época em que nos deparamos com essa informação, em junho de 2003, resolvemos incorporá-la no nosso trabalho, ainda mais que o cabelo era o ícone da mensagem, e não havíamos conseguido contato com os criadores da mensagem do xampu Seda, que pretendíamos estudar por fazer referência a cabelo. A publicidade fazia uma comparação do cabelo do rapaz com a cabine estendida do carro que estava sendo comercializado. O mais importante era que, no texto das entidades que protestavam, era citado o nome da empresa responsável pela criação da publicidade. Ao procurarmos por ela na Internet, no mês de agosto, tivemos acesso ao telefone e ligamos para São Paulo, sede da empresa. Falamos com o responsável pelo setor, que confirmou a nossa suspeita de que a mesma empresa publicitária também criou a peça "O motorista", em que um homem negro dirige um carro da Fiat e a sua esposa, branca, está no banco de trás. Uma amiga do lado de fora a aborda, dizendo que ela estava de motorista. Ao que a esposa revida, exibindo um bebê e afirmando que se tornara mãe. A mensagem é: "Você tem que rever os seus conceitos".

Percebemos que havia seis peças sendo veiculadas com a presença de negros na televisão, no mês de novembro de 2004. Dois membros da equipe fizeram um esforço para fazer uma gravação com videocassete, mas, embora tenham acionado o material para gravação durante alguns dias e horas, não tiveram sucesso de captar o material que estava sendo veiculado. Uma amiga se dispôs a fazer o mesmo processo de gravação e foi bem-sucedida, ao conseguir diretamente da televisão três peças publicitárias com a participação de negros. Dessas três, a equipe selecionou duas. A primeira, com o grupo negro baiano Ilê Aiyê fazendo comercial para o Hipermercado Extra. As cenas se passam dentro do Hipermercado e as frases que acompanhavam a peça nos chamaram a atenção: a informação de que o Extra era patrocinador do grupo baiano. A outra mensagem era: "Mais uma família que nos enche de orgulho", bem como o próprio *slogan* do Extra para todas as peças veiculadas até então – "O Hipermercado da família brasileira".

A outra publicidade que selecionamos foi a da sandália Grendha, que utiliza a atriz Taís Araújo. A atriz foi protagonista de uma telenovela da *Rede Globo de Televisão*, no período de janeiro a setembro de 2004, sendo a primeira vez em que uma atriz negra esteve nessa condição. Agregamos a essa leitura a constatação de que a modelo branca Gisele Bunchen há mais tempo era personagem da peça publicitária na venda desta sandália. As duas peças foram gravadas no mês de novembro e os contatos com os criadores das peças também foram feitos na mesma época. De maneira que foram quatro as peças publicitárias exibidas para as educadoras, sendo duas relacionadas à empresa Fiat, uma relacionada ao Hipermercado Extra e à apresentação do Grupo Ilê Aiyê e a última sobre a sandália Grendha, com a atriz Taís Araújo.

A equipe percebeu a ampliação do número de negros em publicidade e propagandas[2] no ano de 2004. Segundo a nossa avaliação, em quase todas as peças de propaganda, era freqüente a presença de negros, mas o nosso recorte era para a publicidade. De modo a compreender os objetivos a serem alcançados por essas peças, enviamos aos seus criadores as seguintes questões:

Em relação à Fiat Automóveis

1 - Por que nas duas peças publicitárias "O motorista" e "Cabeludo" – o negro foi utilizado?

2 - Por que a frase: "Você tem que rever os seus conceitos?"?

3 -Alguma consideração sobre a relação inter-racial (homem negro casado com mulher branca?).

4 - No caso do filme "Cabeludo":

- Como surgiu a idéia/concepção do negro black power?

• O que tem a dizer sobre o estilo do personagem?
Por que a escolha daqueles objetos que saem do cabelo do rapaz?
• O que significa a frase: "Vai sobrar mais espaço para você?"

5 - Qual ou quais outros comentários deseja fazer sobre as duas peças ou sobre o uso de determinados personagens em publicidade?

Em relação à atriz Taís Araújo

1- Levando-se em consideração que a atriz finalizou, no mês de setembro, a novela "Da cor do pecado" e foi a primeira protagonista negra em uma novela da *Rede Globo de Televisão*, por que ela foi utilizada para a venda da sandália Grendha?

2 - Taís fala em tantas cores para usar, tantos lugares para ir, portanto muitas sandálias para usar, ao mesmo tempo em que percebemos ao fundo tons verdes e amarelos. Existe alguma correlação? Qual?

3 - O que teriam a dizer sobre a utilização de determinados personagens atores ou atrizes nas peças publicitárias?

Em relação ao Hipermercado Extra

1 - Sabemos que existem empresas patrocinando grupos, artistas, companhias artísticas, enfim. Chamou-nos a atenção o Grupo *Ilê Aiyê* sendo utilizado nessa campanha do aniversário Extra. Por que o grupo foi utilizado?

2 - A empresa informa que o Extra patrocina o Grupo *Ilê Aiyê* e diz também que é mais uma família que nos dá orgulho. Por que essa frase e o que ela tem a ver com a campanha institucional do Grupo Extra: "O Hipermercado da família brasileira"?

3 - Algum outro comentário que queiram tecer sobre a utilização de determinados personagens nas campanhas publicitárias e características da sociedade brasileira?
Não obtivemos resposta dos criadores dessa publicidade.

As educadoras

O contato com as educadoras da Rede Municipal de Educação de Belo Horizonte começou em janeiro de 2004, quando aconteceu o I Congresso de Alfabetização, Letramento e Diversidade. A pesquisadora participou do evento oferecendo uma oficina sobre Mídia e Educação. Ocorreu aí uma primeira abordagem às mulheres presentes, pois havia o interesse em se trabalhar com educadoras negras com sensibilidade para a questão racial e que pudessem contribuir para a introdução deste tema nas escolas.

Os outros momentos de abordagem foram os demais encontros realizados durante o ano de 2004 pela Secretaria Municipal de Educação e pelo Conselho Municipal de Educação, no qual a pesquisadora era membro na condição de Conselheira. Foram listados vinte contatos durante o ano, incluindo também ex-colegas de trabalho, algumas envolvidas em debate sobre a temática racial e educação e outras que não estavam envolvidas. O entendimento era o de que a participação dessas educadoras nos eventos com a temática racial, ligada diretamente à educação ou não, demonstrava que, em alguma medida, elas poderiam contribuir com esta pesquisa.

As professoras negras participantes dos grupos tinham idade entre 27 e 50 anos. No segundo momento do contato (novembro de 2004) para agendar os grupos focais, foi indagado às professoras o seu pertencimento racial. O tempo de magistério variava de seis a trinta anos e todas revelaram, na entrevista, terem sofrido discriminação em sua vida pessoal. Todas possuem curso superior: História (4), Psicologia (1), Turismo (1), Pedagogia (6) e Letras (2). Uma delas, a que fez o curso de História, estudou também Psicologia, e a que fez o curso de Turismo na graduação está concluindo o mestrado na mesma área e cursa Direito, sendo a mais jovem do grupo. Cinco delas eram casadas. Quatro tinham filhos. Uma era divorciada, e as demais solteiras.

Os grupos focais

Nas datas que a equipe estabeleceu para as reuniões dos grupos, os dois primeiros sábados do mês de dezembro de 2004, somente quatorze mulheres puderam comparecer, embora inicialmente tivéssemos feito contato com vinte. Os encontros com os grupos foram realizados na residência da pesquisadora e tiveram a duração de uma hora e vinte e cinco minutos, no primeiro sábado, e uma hora e vinte, no segundo sábado. Os encontros foram divididos em dois momentos. No primeiro, as educadoras falavam sobre as suas experiências de racismo na vida pessoal e no segundo, elas davam opiniões acerca de cada publicidade exibida. A escolha do sábado se deu para conciliar o horário de todas que estavam em sala de aula, na maioria das vezes em dois turnos. O horário das 9 horas foi sugerido pela maior parte das professoras. Algumas se conheciam, por terem trabalhado na mesma escola ou freqüentado reuniões sobre a temática ou debates dos trabalhadores em educação da Rede Municipal. No segundo dia, havia duas professoras que trabalhavam atualmente na mesma escola, em turnos diferentes.

Chamou a atenção da equipe que o primeiro momento da reunião ocupou um tempo bem maior que os momentos da exibição das fitas de vídeo. Traduzimos que elas tinham muito mais relatos a fazer sobre as relações pessoais e educacionais relacionadas ao racismo do que sobre a publicidade, a televisão e as relações raciais. Ao final dos trabalhos, concluímos que, de fato, os meios de comunicação são raramente utilizados pelas educadoras que se reuniram conosco.

As questões que a equipe montou para as educadoras responderem no grupo focal antes da exibição da fita de vídeo foram:

> – Na sociedade brasileira, quando se fala em racismo, o que vem à sua mente?
> – Você já vivenciou situação de racismo em sua vida pessoal?
> – Você já vivenciou situação de racismo no ambiente escolar?
> – Qual é a sua avaliação sobre a escolha da pesquisadora, também negra, ter selecionado publicidade e negro na televisão para a pesquisa? Qual a relação que você faz entre educação, televisão e as ações educacionais?

Ao final de cada comercial exibido, eram feitas as indagações às professoras. A ordem de exibição das peças foi: Fiat, "motorista"; "cabeludo"; Hipermercado Extra com a presença do grupo Ilê Aiyê; e, por fim, a sandália Grendha, com a participação de Taís Araújo. As questões apresentadas durante a exibição do vídeo foram as seguintes:

> **Primeiro comercial** – Temos a mensagem visual e a fala "Está na hora de rever os seus conceitos". Falem sobre a apreensão que tiveram da mensagem.

Segundo comercial - Além do visual do rapaz, dos objetos retirados do cabelo, temos a frase "Fiat Strada, cabine estendida, 'vai sobrar mais espaço para você'". Comente.
Terceiro comercial - Declara-se que o Hipermercado Extra patrocina o Grupo *Ilê Aiyê*. A partir desta informação, bem como da mensagem que diz que "É mais uma família brasileira que nos enche de orgulho", além da logomarca do Extra - "O Hipermercado da família brasileira" -, aponte-nos as suas impressões...
Quarto comercial - Considere todo o visual e a fala de Taís Araújo: "Com tantas cores para usar, com tantas festas para ir, são muitas sandálias para escolher", além do que esta atriz foi a primeira protagonista negra em uma novela global - "Da cor do pecado". A novela foi exibida até setembro de 2004. Façam as suas leituras...

O primeiro momento da entrevista foi longo, constituindo-se na verdade em um grande desabafo para a maioria das professoras sobre as situações de racismo que elas, seus filhos e amigos sofreram. Alguns momentos foram de verdadeira catarse, com suspiros, silêncios e murmúrios diante dos relatos alheios. A equipe considerou que se estabeleceu uma forte relação de cumplicidade e solidariedade entre as professoras negras. Foram muitos os exemplos, perpassados de dores e tristezas. Momentos de fortes emoções, difíceis para a pesquisadora conseguir evitar não compartilhar oralmente. Mas, também, houve risos e ironias durante todo o processo. De maneira geral, consideramos que são pessoas que estão dando ou deram a volta por cima no que se refere ao processo de racismo aos quais foram submetidas na sociedade.

A análise dos dados

Como dois observadores participaram de cada grupo, foi feita uma divisão das fitas para a transcrição e um observador fez a revisão da parte da transcrição feita pelo colega. A partir daí, todos tiveram acesso ao conjunto do material para apreender as categorias recorrentes nas falas. Após uma longa lista de categorias, definimos algumas prioridades para considerarmos nesse espaço limitado de construção de uma dissertação, arquivando as demais categorias para outros trabalhos ou contribuições em outros espaços de discussão sobre a temática.

As categorias possibilitaram a construção dos capítulos 5 e 6, nos quais tentamos reconstituir, da maneira mais aproximada possível, o que significa para essas quatorze educadoras negras o racismo no Brasil, ser negra educadora e o papel da mídia na sociedade brasileira nos dias atuais. As nuances do racismo na sociedade brasileira foram a grande tônica durante todo o processo de pesquisa e, ainda mais, na fala das educadoras negras presentes nos grupos focais. Nesta introdução, apresentamos o percurso metodológico que possibilitou a construção dos capítulos que se seguem. No capítulo 3, aprofundaremos o debate sobre racismo na sociedade brasileira; no capítulo 4, refletiremos sobre a educação do ponto de vista de mulheres negras; no capítulo 5, aprofundaremos o debate sobre relação étnico-racial e educação no Brasil; no capítulo 6, a reflexão será sobre a publicidade incluindo a presença de negros e, por fim, as considerações finais. Em todos os capítulos, fizemos um esforço no sentido de dar visibilidade à fala das mulheres que participaram dos grupos.

Para estruturar a dissertação, tivemos como referência o trabalho de Wanda Maria Junqueira Aguiar (2002), "A Pesquisa em Psicologia Sócio-Histórica: contribuições para o debate metodológico", em que ela dá ênfase ao pensamento de Vigotsky, segundo o qual é necessário compreendermos o significado da fala do outro e que a linguagem é peça fundamental para essa compreensão. Para isso, não basta a percepção ou somente entender as palavras, faz-se necessário apreender o *significado da fala.* A autora chama a atenção para a necessidade de a psicologia se debruçar sobre a subjetividade das relações entre os sujeitos. O trabalho nos mobiliza a empreender esforços no sentido de perceber como "o sujeito transformou o social em psicológico e assim constituiu seus sentidos". Sendo assim, buscamos, por meio das falas, dos sentimentos e emoções das educadoras negras, apreender o significado de suas falas sobre a publicidade com a presença de negros. Tal movimento de apreensão foi feito por meio da criação de categorias, em que tentamos aliar os sentidos atribuídos com a abordagem social e histórica da situação do afro-brasileiro. Os capítulos, portanto, fazem parte desse esforço de captação.

Para tentar aproximar da realidade escolar e do papel da televisão, maior meio de comunicação de massa, buscamos a publicidade televisiva com a presença de negros, e o olhar de educadoras, que constituem maioria no magistério, embora empiricamente possa dizer que não são majoritariamente negras. O olhar das educadoras negras, considerando que as mulheres negras estão em maior desvantagem em relação aos homens negros e o papel relevante da educação para as transformações que se fazem necessárias na sociedade brasileira, é para nós, que pesquisamos as relações raciais e educação, de fundamental importância. Infelizmente, não encontramos dados que esclareçam quantas são as educadoras no quadro da Secretaria Municipal de Educação de Belo Horizonte, ainda menos, quantas são as negras educadoras.

As falas das educadoras negras, para mim, pesquisadora também negra e educadora de escola pública, muito se aproximam da minha experiência pessoal e ouvi-las constituiu uma difícil experiência emocional: "determinado dia me deu vontade de ser invisível", "Eu era casada com um negro que me trocou por uma branca", "Nós reproduzimos os conteúdos da mídia sem a menor reflexão". São questionamentos pessoais que fiz ao longo da vida que fortemente motivaram a escolha da pesquisa.

3. Relações étnico-raciais no Brasil

> "Na minha opinião, a idéia central é a seguinte: o racismo participa de alguma coisa muito mais universal do que aceitamos admitir habitualmente. O racismo é uma transformação ou um descendente especialmente violento e exacerbado (arrisco-me até mesmo a dizer: uma especificação monstruosa) de uma característica empiricamente quase universal das sociedades humanas. Trata-se, em primeiro lugar, da aparente incapacidade de excluir o outro sem desvalorizá-lo, chegando finalmente, a odiá-lo."
>
> *Cornelius Castoriadis*

Segundo Alfredo Sérgio Guimarães (1998), as enormes dificuldades em caracterizar como crime as situações de racismo existentes no cotidiano da sociedade brasileira refletem as estratégias para camuflar a nossa realidade racista. A camuflagem pode ser considerada como herança da idéia de democracia racial. Sendo assim, o silêncio em torno da questão racial permeia os espaços sociais e políticos, causando incômodo e reação em militantes e críticos.

O Movimento Social Negro está sempre presente denunciando as mazelas imputadas à comunidade negra, bem como apontando estratégias para minorar as desigualdades existentes. A *Marcha Zumbi dos Palmares* contra o racismo e pela cidadania e a vida foi organizada com êxito pelo Movimento Social Negro, e realizada em novembro de 1995, em Brasília, para ser um marco em homenagem aos 300 anos da morte de Zumbi dos Palmares, o líder do maior, mais duradouro e mais famoso símbolo da luta dos negros no Brasil contra o regime escravocrata: a República/Quilombo dos Palmares, que resistiu por um século, na Serra da Barriga, no estado de Alagoas. Participaram desta marcha, ocorrida no dia 20 de novembro, numa segunda-feira, 30 mil ativistas negros vindos de todos os cantos do País. Das 9 horas até por volta das 21 horas, o gramado em frente do Congresso Nacional, na Esplanada dos Ministérios, foi palco de atividades políticas e culturais organizadas pelo Movimento Social Negro, mantendo o desafio de associar as referências históricas às lutas do presente.

Naquele mesmo dia, integrantes da Executiva Nacional da *Marcha Zumbi dos Palmares* foram recebidos pelo então presidente da República Fernando Henrique Cardoso, em rápida solenidade no Palácio do Planalto. Na ocasião, foi entregue ao presidente um documento com as principais reivindicações do Movimento Social Negro, denunciando o racismo, defendendo a inclusão dos negros na sociedade brasileira e apresentando propostas concretas de políticas públicas. A construção da Marcha dos 300 anos contou com a participação de centenas de entidades do Movimento Social Negro, espalhadas por todo o País, tendo também recebido o apoio de entidades sindicais, em especial as Centrais Nacionais de Trabalhadores.

Outro tema que tem dado visibilidade e aflorado o debate sobre as condições do afro-brasileiro são as ações afirmativas. Petronilha Beatriz Silva assim as define:

> Políticas de reparações e de reconhecimento formarão programas de ações afirmativas, isto é, conjuntos de ações políticas dirigidas à correção de desigualdades raciais e sociais, orientadas para oferta de tratamento diferenciado com vistas a corrigir desvantagens e marginalização criadas e mantidas por estrutura social excludente e discriminatória. (2004, p.11).

As ações afirmativas tomaram grandes proporções a partir das propostas apresentadas pelo Governo Brasileiro na III Conferência Mundial contra o Racismo, ocorrida na cidade de Durban, África do Sul, no período de 30 de agosto a 7 de setembro de 2001. Atendem também ao determinado pelo Programa Nacional de Direitos Humanos, bem como a compromissos internacionais, como a Convenção da UNESCO de 1960, direcionada ao combate ao racismo em todas as etapas de ensino. Ação afirmativa é uma iniciativa fundamental para a promoção da igualdade. As ações afirmativas são uma realidade nos

Estados Unidos (onde alcançaram maior visibilidade), na Índia, Malásia, Ex-União Soviética, Nigéria, Alemanha, Colômbia, Canadá, Israel e África do Sul. Não são somente os negros os contemplados, mas os grupos discriminados. O principal objetivo das ações afirmativas para as pessoas negras é combater o racismo e seus efeitos negativos de ordem econômica, psíquica, social e cultural.

Não podemos deixar de registrar a eleição de Luiz Inácio Lula da Silva, que tomou posse em janeiro de 2003: presidente de origem pobre que se comprometeu a minorar as desvantagens sociais e raciais do brasileiro. Para a população negra, especificamente, podemos citar duas importantes medidas adotadas pelo Governo Lula: a criação da Lei 10.639, de 9 de janeiro de 2003, tornando obrigatório o estudo da História e Cultura Afro-Brasileira e da História da África em todas as escolas de ensino fundamental e médio, oficiais e privadas; a inclusão do dia 20 de novembro, dia da Consciência Negra, no calendário escolar; a criação da Secretaria Especial de Políticas de Promoção da Igualdade Racial (SEPPIR), trazendo possibilidades de mudanças concretas na busca da reversão das desigualdades raciais no Brasil. Essas possibilidades são aventadas pelo próprio presidente: "a superação do racismo requer políticas públicas e ações afirmativas concretas. A democracia brasileira será tanto mais substantiva quanto maior for a igualdade racial em nosso país".

O Brasil e mais doze países do Continente Africano e da América do Sul se comprometeram, em março de 2004, a trabalhar conjuntamente para promover a igualdade racial e combater todas as formas de discriminação nos dois continentes. O compromisso foi firmado durante o Seminário "América do Sul, África, Acordos e Compromissos com a Promoção da Igualdade Racial e Combate a Todas as Formas de Discriminação", que reuniu especialistas do Brasil, África do Sul, Angola, Argentina, Bolívia, Colômbia, Equador, Moçambique, Namíbia, Paraguai, Peru, São Tomé e Príncipe e Uruguai.

"Foi mais um passo para identificar e buscar soluções para os problemas comuns que atingem as populações discriminadas nestes países", afirmou a ministra Matilde Ribeiro, então secretária especial de Políticas de Promoção da Igualdade Racial. Não obstante as políticas públicas atuais que visam minimizar a situação de desvantagem para a população negra no País, os dados não são otimistas.

Entre 1995 e 2005, constatou-se na população brasileira um crescimento no percentual de negros, isto é, um aumento entre os que se auto-identificam como pretos ou pardos. Em 2005, a população brasileira era de 184.388.620 pessoas: 49% de brancos, 43% de pardos, 6,3% de pretos e 0,7% de amarelos e indígenas. Somando-se pretos e pardos, chega-se ao patamar de 49%[3].

Segundo o *Relatório de Desenvolvimento Humano Brasil 2005*, elaborado pelo Programa das Nações Unidas para o Desenvolvimento (PNUD), a porcentagem de homens negros com curso superior completo em 2000 era menor que a dos homens brancos em 1960. A renda per capita dos brancos em 1980 era o dobro da recebida pelos negros em 2000. Do mesmo modo, a taxa de analfabetismo dos negros em 2000 era maior que a dos brancos considerando os anos 80. Outra informação importante lá extraída é a de que a taxa de homicídios de negros é o dobro da dos brancos.

A pesquisa realizada pelo Fundo de Desenvolvimento das Nações Unidas (UNIFEM) e pelo Instituto de Pesquisa Econômica e Aplicada (IPEA), mostra que 10% do setor mais pobre da população brasileira, no universo dos 30,2% de pobres, 71% são negros. Já entre os 10% mais ricos, os negros são apenas 18% contra 82% de brancos. Foi nesse cenário que milhares de negros e negras ocuparam a cidade de Brasília em novembro de 2005. Ainda que não me caiba aqui aprofundar os debates instaurados, registro que a marcha foi dividida em dois grupos, correspondendo a datas diferentes. Os grupos se dividiram basicamente por compreensões diferenciadas de qual a melhor estratégia para cobrar do governo mudanças profundas para equacionar o fosso das desigualdades raciais no País.

Racismo e educação

Em meu percurso como educadora pública municipal, tenho-me defrontado com várias situações de racismo no ambiente escolar, em que estudantes são excluídos de uma relação igualitária com seus colegas pelo fato de serem negros(as); situações também experimentadas por mim na infância e adolescência, dentro e fora da escola. Percebo, a cada dia, que o silêncio que envolve as relações de racismo na escola é responsável pela perpetuação de manifestações racistas. Na maioria das vezes, educadores fingem não ver que determinado estudante foi discriminado para não terem que tomar alguma atitude. Outras vezes, os profissionais da educação não consideram que se trata de racismo. Situações de agressividade de um estudante branco para com um negro, na maioria das vezes, são tomadas como uma mera manifestação habitual de disputa entre colegas na escola.

Penso que, se não houvesse passado pela experiência de ter sido uma estudante negra na infância, e mais tarde uma professora negra nas séries iniciais de uma escola pública, talvez teria, assim como a maioria dos profissionais da educação, dificuldade de enxergar o racismo presente no ambiente escolar e, conseqüentemente, não me preocuparia em combatê-lo. O fato de eu querer denunciar e combater a existência do racismo advém de eu ser uma adulta constituída por fortes experiências de discriminação racial no passado e também na atualidade. Observo que muitos educadores não fazem movimento semelhante. Imagino que seja em função de experiências diferenciadas. Alguns colegas dizem que o fato de criar investidas que dêem visibilidade ao negro na escola chama atenção para o assunto no sentido negativo, ou seja, causa constrangimentos e disputas, pois o estudante branco passa a querer demarcar mais espaços, e até mesmo dizem que, assim agindo, estarão estimulando um olhar discriminatório para quem não o tinha.

O que tenho buscado ao longo da minha trajetória de educadora é tentar desconstruir o mito da democracia racial brasileira para que possamos encarar o problema e apresentar alternativas para a superação do mesmo. O que leva à falta de estratégia para combater o racismo dentro do sistema educacional, a meu ver, é esse mito, ou seja, se no macrossistema social alimenta-se o discurso de que a sociedade brasileira não é racista, torna-se muito difícil que profissionais da educação tenham instrumentos efetivos para coibir o racismo.

Tive algumas oportunidades de contribuir no desenvolvimento de projetos que visavam inserir no cotidiano escolar a discussão da discriminação racial e estratégias para reduzi-la. Esses projetos envolviam a comunidade escolar, onde estavam inseridas as escolas. Empiricamente, detectei que a maioria daquelas comunidades eram negras. Notei que os hábitos, as crenças, os costumes e as histórias dos negros nessas comunidades não tinham visibilidade nos meios de comunicação. Ao buscar informações públicas entre o que nos era contado e mostrado frente a frente pela comunidade e o que era divulgado na mídia, percebi o vácuo.

Breve histórico sobre o papel dos meios de comunicação

À época em que cursei Jornalismo, no início dos anos 90, a referência sobre recepção da mensagem eram os estudos de teóricos americanos. Tais estudos, desenvolvidos na primeira década do século XX[4], indagavam, tendo como referência preocupações de natureza ética ou operacional: "O que os meios fazem com as pessoas e o que os meios fazem pelas pessoas?". Um dos primeiros conceitos elaborados foi o da agulha hipodérmica que refletia o potencial dos meios influenciarem diretamente a audiência. O pressuposto era o de que os seres humanos reagiam de acordo com estímulos e não pela razão (behaviorismo). Daí, a busca dos produtores da mensagem era como ativar instintos e alcançar as reações necessárias.

Os avanços das pesquisas referiam-se à percepção das diferenças individuais. Pesquisadores começaram a perceber que as reações dos homens não eram instintivas e nem homogêneas e que características individuais matizavam as reações, isso conforme a teoria Funcionalista da Comunicação. Por esta teoria, então, o que desejavam os emissores das mensagens era influenciar os indivíduos a partir da canalização das predisposições grupais.

A Teoria Crítica, desenvolvida basicamente por Adorno e Horkeimer, embora não se tenha dedicado ao estudo da recepção propriamente dito, possibilitou enfoques sobre a natureza ideologizante dos meios, de sua natureza de classe, da massificação promovida pelos meios; indicando, então, uma perspectiva de passividade de receptores. Para estes teóricos, os indivíduos tinham pouca independência de pensamento e eram cada vez mais envolvidos pelos processos sociais sobre os quais eles não tinham controle; ao contrário, eram vitimados.

Por esses modelos de comunicação, o receptor das mensagens não era levado em conta pelo emissor, assim como não era levado em consideração o papel das redes de comunicação. A fórmula básica era a transmissão da informação.

O meu olhar para a mídia naquela época se dava a partir da compreensão de que absolutamente tudo que fosse veiculado pelos meios de comunicação, tendo o negro como referência ou participação, teria o cunho racista ou reforçava estereótipos. E o receptor dessas mensagens era passivo e acrítico. Portanto, as denúncias dos movimentos negros seriam em vão, à medida que não havia espaço para reflexões críticas. Leituras atuais têm feito com que eu mude essa compreensão sobre os meios de comunicação. Penso que, na atualidade, os sujeitos se servem dos vários recursos de que dispõem para dar sentido às mensagens que recebem. Considero ainda ser possível que, por intermédio das mensagens veiculadas nos meios de comunicação, eles desenvolvam um sentido para si mesmo e para os outros de sua história, de seu lugar no mundo e dos grupos sociais a que pertencem. As leituras atuais me sugerem que as mediações podem estar no campo das construções culturais e simbólicas e o receptor não é autônomo, mas com possibilidades de adesão, de codificação e uso.

Em relação à publicidade, ela é fato comunicativo que reflete ideologias da fonte a serem transmitidas a determinados receptores. Para que isso aconteça, segue modelos e símbolos que organizam na escolha e disposição das mensagens. Existem técnicas e estratégias que podem influenciar o comportamento dos possíveis consumidores por meio de recursos estéticos e argumentativos[5]. Pressupõe-se que a intensificação da comunicação propicia no indivíduo o desejo de possuir cada vez mais bens de conforto material com vistas a proporcionar o gozo da vida, o bem-estar, bem como a implantação de hábitos e conceitos inusitados. Tal intensificação permite ainda que novas idéias sejam aceitas e costumes diferentes se popularizem. Curiosamente, no final do século XIX, o negro escravo fugidio era o objeto publicitário, na medida em que se colocavam anúncios nos jornais para um eventual resgate, ofertando, inclusive, gratificações. Temos, então, a situação do negro aparecendo na mídia como consumido.

Luiz Carlos Assis Iasbeck afirma:[6]

> O arranjo sígnico das peças publicitárias procurará, assim, privilegiar interpretantes que correspondam, em certo grau e medida, ao previsto nas intenções do emissor, aquele que pretende vender seu produto... No entanto, a interpretação não se dá simplesmente a partir do que se recebe, mas do conflito que os textos recebidos estabelecem no ambiente da recepção. É nesse momento que o discurso sobre interferências multiplica-se por inferências analógicas. O leitor dos textos ou dos estímulos expressivos possui seu próprio repertório, lembranças, sensações, familiaridades e competências associativas, provavelmente bastante diversas do ambiente semântico ou das intenções daquele que produziu a mensagem. (2003, p. 27).

Sendo assim, há a preocupação com a recepção das mensagens publicitárias para que o receptor possa dialogar com o material veiculado, fazendo então uma reelaboração do mesmo. Tal reelaboração se dá por inferência de metáforas, elaboração de ambigüidades, seleção, alijamento ou acolhimento de textos e imagens que melhor se identifiquem com as suas expectativas, desejos e necessidades. O antropólogo Peter Fry (2002)[7] assegura que o racismo moderno no Brasil é constituído sobre representações negativas associadas a determinadas "aparências" e que o racismo é fruto de uma associação entre formas corporais e qualidades (ou defeitos) de ordem moral e intelectual. Para o autor, se os produtores e propagandistas de beleza alcançarem o mínimo sucesso na mudança dessas representações, compreendendo que há várias formas de ficar belo, e que não há equivalência entre aparência e competência, o mercado, tão criticado, contribuirá de maneira cabal para a diminuição do racismo no Brasil.

Negra, educação e mídia

No início dos anos 90, quando passei a observar as publicações da mídia em relação ao negro, notoriamente os destaques apresentados eram para as expressões artísticas, principalmente a musicalidade, aspectos sempre positivos que conferiam visibilidade ao negro.

As notícias relacionadas aos trabalhos dos educadores eram abordadas na perspectiva de profissionais que transformavam o currículo escolar, de modo a favorecer a auto-estima da comunidade negra, como, por exemplo, com atividades que reforçavam, em sala de aula, as contribuições da cultura afro-brasileira ao nosso País, abordando aspectos como a culinária, a capoeira, alguns ritmos musicais e vestimentas. Como mulher negra, passei a notar que, quando ocorria de se destacar a presença do negro na mídia, os homens negros tinham mais visibilidade em relação a nós, mulheres negras. As ações descritas dos movimentos negros, as manifestações políticas de professores em relação aos trabalhos relacionados a melhorar a auto-estima de crianças negras, que os meios de comunicação veiculavam, tinham a maioria de homens negros como protagonistas. Eu considerava isso uma distorção na medida em que as mulheres são maioria no magistério.

Ao olhar atentamente os livros didáticos com os quais trabalhávamos, verifiquei que havia uma construção das imagens femininas no sentido de relegar a mulher ao segundo plano, silenciando-a ou excluindo-a como sujeito histórico. Percebi que o homem branco adulto era tomado como representante da espécie e característica da raça humana. Já as personagens femininas apareciam com menor freqüência. A menina negra quase nunca aparecia, a mulher negra menos que o homem negro. Quanto às atividades do cotidiano, a mulher era representada principalmente em suas funções domésticas, mãe e dona de casa, sendo, às vezes, numa outra ocupação feminina: a de professora. As mulheres apareciam exercendo trabalhos manuais e não especializados, enquanto os homens apareciam exercendo funções que faziam pensar ou "conduzindo" a família, como, por exemplo, dirigindo carro. As mulheres negras, geralmente, eram empregadas domésticas.

E eu, de origem interiorana, insegura de viver em uma grande cidade com tanta diversidade de pessoas e costumes, iniciando a função de professora, considerada, no imaginário social, uma profissão pertinente ao sexo feminino[8], na perspectiva de exercício de extensão da sua função materna que é cuidar e educar criança. Daí a baixa remuneração. Como conseqüência da minha formação pessoal, as reflexões em relação às desvantagens sociais, comparadas a outras em função do sexo ou da etnia, são constantes. Daí a minha inquietação em tentar perceber como as professoras negras vêem a comunidade negra na mídia. Será que existe uma percepção delas em relação a uma eventual representação estereotipada? Ou será que elas nem sequer consideram como discriminação o fato de pessoas aparecerem em desvantagem social?

Em 2004, a Secretaria Municipal de Educação criou o Núcleo de Relações Étnico-Raciais e de Gênero, que tem como função contribuir com a formação de professores, alunos e comunidade acerca da temática citada. Penso que essa iniciativa fortalece o meu interesse, enquanto professora municipal, de repensar o papel da escola. Relaciona-se, também, com os motivos que me levam a procurar por educadoras negras para indagar sobre o seu olhar sobre a mídia televisiva em relação a negros e negras. Como professora negra, preocupei-me em tentar perceber como se davam as representações sobre negros nos livros didáticos e nos materiais que produzíamos em sala de aula e que eram socializados com a comunidade. Será que nos dias de hoje, com a importância que se tem dado às veiculações da mídia, existe interesse das profissionais em relação à representação social? A mídia e a escola devem ser objetos de estudos em uma interface, por serem espaços públicos de debates e formadores de opinião. Assim afirma Ruth Sabath:

> A maioria dos estudos realizados no campo educacional esteve por muito tempo voltado para a instituição escolar como espaço privilegiado de operacionalização da pedagogia e do currículo. Hoje, entretanto, torna-se imprescindível voltar a atenção para outros espaços que estão funcionando como produtores de conhecimentos e saberes, e a mídia é apenas um desses exemplos. (2001, p. 13).

Sodré (2000) adverte ainda que a vivência democrática da educação e da cultura hoje não pode somente distribuir pelos meios de comunicação por redes estatais o bolo de uma cultura já pronta e dada.

Como se ela fosse imutável, e bastasse fazer uma mínima redistribuição para determinados grupos. Para ele, a real riqueza social e a liberdade de criação social estão no reconhecimento da multiplicidade de pontos da geração de saber, que está tanto na cultura européia, quanto na maneira como os subalternos, os excluídos lidam com o território, como lidam com o dia-a-dia.

De fato, as representações de grupos, com as quais opera a publicidade na televisão, podem cristalizar preconceitos e estereótipos? Nos lugares em que tenho discutido negro e mídia, tenho tido como referência o livro do cineasta e jornalista Joel Zito Araújo, *A negação do Brasil, a presença do negro na telenovela brasileira* (2000), no qual ele conclui (a partir de uma pesquisa que abrangeu um período de 34 anos - 1963 a 1997), a existência de racismo nas telenovelas brasileiras. Imagino que a publicidade possa ser um foco de pesquisa para se tentar perceber se, por ventura, ocorrem manifestações racistas em relação ao negro.

Pesquisas sobre trajetórias de professores negros, em sua maioria, enfocam as professoras negras por serem, talvez, as mulheres a grande maioria no magistério, principalmente até o Ensino Médio. Fúlvia Rosemberg (2001) traz dados esclarecedores a respeito:

> O sistema de ensino continua sendo uma ocupação feminina: sejam professoras, funcionárias ou especialistas, as mulheres representam mais de 80% da força de trabalho em educação. O magistério continua sendo um dos principais nichos de inserção das mulheres no mercado de trabalho: em 1980 o magistério respondia por 8% de toda a PEA feminina, em 1991 por 12% (2001, p.182).

Ainda de acordo com essa autora, em 1991, as mulheres eram 85,4% do total de profissionais do magistério, sendo a esmagadora maioria do Ensino Pré-Escolar ao Fundamental. Mas essa marcante presença feminina no magistério não conseguiu romper com algumas desigualdades: é maior o número de professores no Ensino Superior. Conseqüentemente, esses têm salários mais altos que as professoras. Os homens, também, atuam mais com adultos que com crianças (estão presentes predominantemente no Ensino Médio e Superior). Nem mesmo as reformas de ensino mais recentes deram conta de resolver essa desigualdade, vista como estrutural pela autora.

O trabalho de Nilma Lino Gomes, *A mulher negra que vi de perto* (1995), faz refletir sobre o "ser" professora negra em escola pública. O livro de Gomes é fruto de um trabalho de pesquisa de mestrado desenvolvido em uma escola da Rede Municipal de Educação de Belo Horizonte, e tinha como objetivo discutir a prática social de mulheres negras e professoras, captar a sua trajetória escolar e o processo de construção da sua identidade racial. Para o meu projeto de pesquisa, são de fundamental importância os apontamentos que a autora faz em relação ao papel da mulher negra professora:

> "[...] desejo mostrar como o racismo e a discriminação racial interferiram e ainda interferem no processo de construção da identidade racial dessas mulheres. É minha intenção, também, perceber como esse processo, marcado por lutas e ambigüidades, se fez presente durante a trajetória escolar das mulheres negras e, hoje, interfere na sua atuação enquanto professoras, na relação com seus(suas) alunos(as) negros(as), colegas de trabalho e familiares... Para que a escola e a sociedade cumpram um papel na superação da discriminação racial e do racismo, não basta apenas a denúncia. É necessária a adoção de práticas institucionais e políticas; e também a realização de um processo de desconstrução dos estigmas e estereótipos construídos historicamente sobre o negro brasileiro. A escola pode ser considerada como um dos principais agentes nesse processo. Todavia, se a escola não realiza um trabalho crítico e comprometido com os diversos segmentos raciais presentes no seu interior; se ela mesma não se preocupa e se interessa em realizar essa discussão, continuará atuando como uma instituição que reforça e reproduz o racismo presente na sociedade." (1995, p. 29).

No tópico específico sobre mulher negra e educação, aprofundarei este tema, dialogando com outras autoras, a fim de fazer um breve apanhado das relações de raça, educação e gênero no Brasil.

O racismo dissimulado no Brasil, o cabelo como ícone de beleza, o gênero intensificando as desigualdades, a concepção de que a mídia manipula e deturpa, além da negação ou estereotipia do afro-brasileiro, estiveram presentes na fala das mulheres negras educadoras. Penso que este trabalho de pesquisa possa contribuir para uma melhor compreensão das relações étnico-raciais no Brasil. Pode, também, contribuir para analisarmos o papel da televisão e da educação, sobretudo a realizada por mulheres negras que se propuseram a enriquecer o debate.

4. Mulheres negras no Brasil

Pelos dados do Índice de Desenvolvimento ajustado ao Gênero (IDG), elaborado pelo PNUD para avaliar a desigualdade entre mulheres e homens, separando-se as populações negra e branca, é possível observar o impacto das desigualdades raciais e de gênero sobre a posição das mulheres negras no *ranking* do desenvolvimento. Os resultados de 1999 conferem ao Brasil o IDG negro de 0,663 = 91ª posição e o IDG branco de 0,784= 48ª posição.

Analisando-se as estruturas familiares segundo a raça/cor da chefia do domicílio, constata-se que as mulheres negras são a maioria entre as responsáveis por famílias do tipo "mulher com filhos". Por outro lado, as mulheres brancas predominam quando se trata da estrutura "unipessoal feminina", o que se explica pelas melhores condições socieconômicas da população branca em relação à negra[9].

Em relação à composição etária, os níveis são muito semelhantes entre as mulheres brancas e as negras até a faixa de idade entre 25 e 44 anos. A partir daí, começa a diferenciação, decorrente das diferenças de expectativa de vida. Em 2000, as mulheres brancas, ao nascer, esperavam viver 73,8 anos, enquanto as mulheres negras podiam esperar viver apenas mais 69,5 anos. Da mesma forma, os homens brancos tinham expectativa de vida de 68,2, ao passo que a dos homens negros era de somente 63,2 anos[10].

Wania Sant'Anna, em entrevista cedida para a *Revista Eparrei*, uma publicação da Casa de Cultura da Mulher Negra, no primeiro semestre de 2004, afirma que as mulheres negras na atualidade assumem pouca radicalidade nos discursos. Para ela, no final dos anos 80, as mulheres negras abriram mão da discussão sobre a imagem estereotipada, sobre a mulata, a exploração da sexualidade e da ausência de afetividade.

Segundo ela, eram discutidos a fundo temas como a percepção sobre a reprodução da população negra e o constante extermínio, e hoje os temas continuam em pauta, mas sem vigor de denúncia. A entrevistada diz ainda que a esterilização era um tema importante para se pensar na organização das mulheres negras, na medida em que devemos insistir que a grande questão não é somente nascer pobre no Brasil. Para Sant'Anna, a má distribuição de renda impede que as pessoas negras, que já nasceram pobres, consigam ascensão social. Outra questão que Sant'Anna apresenta é relativa ao emprego doméstico. Segundo ela, há um confinamento da mulher negra nesse setor com um salário irrisório e proteção social ainda de muito baixo grau de efetividade. Ao avaliar o I Encontro Nacional de Mulheres Negras, realizado em 1988, que citamos acima e do qual ela foi uma das organizadoras, Sant'Anna conclui que foi uma experiência ousada que forçou a realização de outros encontros, bem como a concretização de uma organização autônoma.

Segundo Sant'Anna, ainda se faz necessário reafirmar que os interesses de mulheres negras e brancas são bastante distintos na sociedade brasileira e que isso ficou mais claro nos debates recentes sobre as ações afirmativas para afrodescendentes, pois os movimentos de mulheres não têm assumido a responsabilidade de lutar pelo direito às ações, não compreendendo que, para as mulheres negras, isso é essencial. Ainda segundo ela, encontros feministas dizem que as mulheres são a maioria entre universitárias(os) no País, mas as mulheres que estão na universidade são, em sua larga maioria, mulheres brancas. Ainda desabafa:

> O movimento de mulheres e feminista precisa compreender algo básico: nunca uma mulher branca ou negra – será respeitada em uma sociedade racista! Vai ser estuprada, vai apanhar na cara, vai ser humilhada e desvalorizada... Isso porque na base da sociedade está dito que um ser humano pode explorar, vilipendiar, humilhar, degradar, desumanizar o outro. (2004, p. 50).

No que tange à saúde, um estudo do Ministério da Saúde[11], computou os "anos perdidos" pela população com a carência de insumos básicos para a sobrevivência, ou de tratamento para doenças de cura já conhecidas. Segundo o estudo, enquanto as mulheres brancas perdem, em média, 2,85 anos, as negras vivem 9,42 anos a menos. Indicam ainda que 7,7% das gestantes negras não fizeram nenhum exame pré-natal, em comparação com 2,8% das gestantes brancas. Já o percentual de gestantes que fizeram mais de seis consultas de pré-natal chegou a 55% entre as brancas, contra 34% entre as negras.

O *Dossiê sobre a situação das Mulheres Negras Brasileiras* (2007) ressalta que vários estudos demonstram que o nível educacional é fundamental para a inserção no mercado de trabalho, para a qualidade de vida e influencia até na morte de negros, que, em sua maioria, vivem em condições precárias.

No que se refere à saúde, o Dossiê constata que as condições de vida das mulheres negras contrariam a tendência mundial de as mulheres viverem mais que os homens. Identificou-se que, em 2000, a taxa de anos para homens negros era de 63,3 e para as mulheres negras, de 69,5. Já para a população branca, a taxa era de 63,3 anos entre os homens e 73,8 para as mulheres.

O Dossiê mostra ainda que as mulheres negras possuem menor acesso à educação e estão inseridas nas posições menos qualificadas no mercado de trabalho brasileiro. A conclusão é a de que essa situação advém da falta de informações e conhecimento sobre como acessar os serviços de saúde.

Outro dado que nos instiga no Dossiê é o que se refere à violência. Há o acorde de que a violência de gênero atinge mulheres de todas as raças e cores e níveis de escolaridade e renda. O fato é que as organizações de mulheres negras atribuem ao sexismo e à falta de políticas públicas de emprego, saúde e educação o enorme número de casos de violência contra as mulheres negras.

O Dossiê revela, por fim, que pesquisa realizada pela Universidade de Brasília, ao investigar o tráfico de mulheres, crianças e adolescentes para fins de exploração sexual, verificou que, no Brasil, o tráfico para fins sexuais é, predominantemente, de mulheres e adolescentes negras, com idade entre 15 e 25 anos.

Mulher negra e educação

Percebemos nas nossas leituras para a pesquisa que o debate sobre negras e educação se vem ampliando significativamente. Verificamos que o trabalho de Nilma Lino Gomes (1995) foi pioneiro acerca de mulheres negras educadoras. Tomaremos como base o trabalho dela e também os de Maria Lúcia Rodrigues Muller (1999), Eliane Cavalleiro (1999), Denise Ziviane (2003) e Patrícia Santana (2003). Nos vários encontros, seminários e congressos de que temos participado, percebemos a crescente preocupação com as relações raciais na escola. Está sendo cada vez mais comprovado, não só pelo Movimento Social Negro, mas também pela Universidade, que a escola é um dos espaços preponderantes para a disseminação das manifestações racistas. Tentaremos então, por meio desses trabalhos mencionados, apreender a leitura das educadoras municipais de Belo Horizonte que ouvimos e seus olhares sobre o racismo e o papel da escola. No primeiro grupo focal, surge o relato sobre manifestações racistas que sofreram no ambiente escolar,

> Eu também tenho essa experiência na escola, assim em várias fases da escola sabe? Uma na infância, onde eu percebia a minha professora de primeira série, os negros ficavam sempre no fundo da sala, e a atenção era dada pros meninos, tanto clarim e que tivesse dinheiro também. E assim... e esse fato marcou muito porque, quando foi na quarta, eu tive uma professora negra... e a relação era totalmente diferente dela com os alunos, sabe? Com as referências que ela fazia e tal... você podia perceber claramente a escola? Uma criança percebe isso? E depois eu estudei numa escola particular, católica e as irmãs selecionavam demais da conta, né? Quem chegava de lacinho de fita, ficava na porta, né? Até o toque, a forma delas tocarem na gente era diferente, né? (Grupo 1).

Em relação a essa fala, citamos a pesquisa de mestrado de Eliane Cavalleiro (1999), em que ela estudou como alunos e educadores tratavam as diferenças raciais na escola, em um bairro de periferia de São Paulo. Em um determinado dia, postada na porta de uma escola de educação infantil, observou como uma professora branca se despedia dos seus vinte e dois alunos. Ela observou que, dos doze alunos brancos, dez foram beijados e dos dez negros, somente três receberam o mesmo tratamento. A sua conclusão, naquele momento, foi a de que os alunos brancos foram três vezes mais beijados. A observação de Cavalleiro nessa escola durou oito meses e ela pôde concluir que, de maneira geral, crianças brancas e negras não recebem o mesmo tratamento na escola. Segundo a pesquisadora, as crianças percebem a falta de manifestação carinhosa e reagem a ela se sentindo inferiorizados e os brancos passam a crer que têm mais valor que os seus colegas. O rendimento escolar de alunos negros, desta maneira, acaba sendo inferior, se comparado a alunos brancos.

Percebemos uma fala dolorida em relação à percepção de discriminação na escola como aluna negra, incluindo a relação de gênero. Tal percepção foi tão marcante, que a professora a associa ao seu lugar de educadora negra exercendo o magistério há dezessete anos, e diz que enfrenta vários problemas com alunos pelo fato de ser negra:

> E na escola muito problema com aluno... muito conflito com o aluno. Às vezes, até transferência... do aluno em relação a você, a projeção dele em relação a você, né? O que nos passava, às vezes, era que tal conflito, quando você ia analisar um pouquinho e ver o que tava por trás, era a questão racial, né? Achavam que o negro não tinha que tá naquele lugar. (Grupo 1).

Um outro trabalho por nós analisado que nos remete à reflexão sobre a situação descrita é a pesquisa de mestrado da professora negra da Rede Municipal de Educação de Belo Horizonte, Denise Ziviani, cuja dissertação foi defendida em março de 2003, no Departamento de Psicologia da Universidade Federal de Minas Gerais. Ziviani investigou, a partir do seu pertencimento, mulher negra educadora, a interação entre etnia, gênero e aproveitamento escolar de alunos negros e seus efeitos na educação. As diferenças observadas a levaram a questionar o percurso da criança negra desde o momento em que entra para a escola. A pesquisadora constatou que, após três ou mais anos de escolarização, eles ainda não liam, segundo avaliação da escola. Ziviani, então, começou a se indagar: "Se a criança negra, depois desse tempo, não consegue ler, tem algo errado com a instituição escola" (2003, p.16).

Constam, como relato de sua pesquisa, situações em que a desvalorização da criança negra prejudicou em demasia sua auto-estima e conseqüentemente o seu rendimento escolar. Segundo a autora, a postura das professoras era preconceituosa, evidenciando como a ideologia do branqueamento tem a intenção de eliminar o negro da instituição escola, assim como da sociedade. Tal eliminação, segundo ela, se dá por meio de estereótipos que descaracterizam a auto-representação do negro e reforçam a interiorização da estética dos ideais de beleza do branco. A pesquisadora aliou o estereótipo, a falta de representação positiva de si e a negação da história do negro à construção da baixa auto-estima do estudante negro, sugerindo que a escola se apresenta como um lugar onde ao estudante não é permitido ser negro. Ela se refere ao fato de a escola em que ela desenvolveu a pesquisa, escola municipal em um aglomerado de vilas em Belo Horizonte, ter a maioria de alunos(as) negros(as) e, no entanto, o preconceito e a discriminação recair maciçamente sobre os alunos de pele mais escura.

Ainda no primeiro grupo focal, uma fala nos permite refletir sobre o trabalho de Gomes (1995), que chama a atenção para o fato de que, ao ocupar o lugar de professora, a mulher negra rompe de certo modo com o lugar de subalternidade e ocupa um espaço que, se não é de todo de relevante *status* social, definitivamente não é o ocupado pela maioria da população negra no Brasil. O que não ameniza, como pudemos notar, na maioria das vezes, o preconceito racial. Em nossa pesquisa, professoras passaram pela experiência de terem sido direção de uma escola em que trabalham. Essas educadoras estiveram presentes em grupos focais separados e relataram experiências semelhantes, em que pessoas alheias à escola se dirigiam diretamente às colegas brancas, como se estas fossem a direção da escola. Houve uma situação em que a diretora e a vice-diretora eram negras, e em todos os momentos em que alguém de fora buscava a direção e elas estavam próximas, o interlocutor sempre se aproximava da colega branca. Registramos a recorrência de invisibilidade de educadora negra como liderança:

> Eu estava dentro da direção, em janeiro, sentada e chegaram dois funcionários da rede municipal pra entregar material. Um deles chegou e falou: "Eu gostaria de perguntar à senhora se a diretora está. Porque precisamos de uma assinatura aqui". Aí, ironicamente eu falei: "Eu posso assinar pra você, eu sou a diretora. Sabe?" Então, assim... constantemente. E a secretária da escola era loira... Então, as pessoas passavam... por mim, e a minha vice-diretora também era negra, e as pessoas iam em direção à secretária da escola achando que ela era a diretora. E ela, muito sem graça, dizia: "A direção são as duas lá". Foi isso assim que constantemente acontecia na escola... o Brasil fala que não é um País racista. Que não tem discriminação racial. (Grupo 1).

Ao contrário da pesquisa de Gomes, em que as educadoras negras entrevistadas não refletiam sobre a importância de ocuparem um espaço público formal ou que desmistifica a suposta incapacidade intelectual do negro construída pelo imaginário social racista brasileiro, a maioria das educadoras por nós ouvidas fez denúncias. Denunciam, por exemplo, que a posição superior que ocupam enquanto professoras negras incomodam as pessoas brancas. Ilustramos tal assertiva com a fala extraída do grupo:

> A gente vê claramente, até quando vê uma pessoa negra numa posição superior, né, entre aspas, isso incomoda. Mulher negra, numa posição privilegiada... Nossa Senhora! Mata... realmente ser mulher e negra no Brasil, principalmente na área de educação também. Nós, quando estamos fazendo uma reunião de pais (risos) e se por acaso cê tem uma colega branca, vamos dizer, do seu lado, (risos) eles se dirigem à sua colega e você fica ali. "Mas a professora sou eu." "Ah, tá, desculpa." Entendeu? É incrível isso, é muito incrível mesmo. (Grupo 1).

O incômodo ou o não reconhecimento delas pelo fato de serem educadoras ou diretoras de escola foi marcante no depoimento das quatorze mulheres que ouvimos. Houve uma fala em que uma criança chorava sistematicamente quando a aula era da professora negra, o que levou a mãe até a escola em busca de uma solução, pois a filha revelou para ela que não queria estar com aquela professora. A direção da escola conversou com a professora e juntas buscaram uma forma para que a estudante continuasse com a professora negra, ainda que essa tivesse que ter um cuidado especial no tratamento com essa criança, no sentido de conversar e mostrar as diferenças que encontramos nas nossas vidas diárias.

Outra fala aponta a situação de uma das educadoras, que, ao chegar a determinado local da Secretaria Municipal de Educação para reuniões de organização do trabalho, foi barrada pelo porteiro que insistiu para que ela se identificasse, embora no mesmo elevador, pessoas brancas estivessem presentes. Ao indagar a ele sobre o motivo da sua abordagem somente com ela, ele respondeu que não tinha motivo especial e que ela não pensasse que era por causa da cor, inclusive porque ele também era negro. Ao fazer o relato, ela disse que ele mesmo se denunciou. Pudemos notar, ao ter como referência o trabalho de Gomes, que as professoras têm falado sobre a sua condição de negras, bem como a situação de alunos(as) negros(as) em sala de aula, diferentemente do grande número que silenciava encontrado por ela à época de sua pesquisa. A autora chegou a constatar que as educadoras apresentavam comportamento e visões racistas análogas aos que acreditavam no mito da democracia racial. Não foi o que encontramos na nossa pesquisa. No entanto, conforme analisaremos à frente, constatamos que o trabalho sobre educação e mídia não está sendo devidamente articulado no interior das escolas.

O livro de Maria Lúcia Rodrigues Muller (1999), *Professoras negras na Primeira República*, fruto da tese de Doutorado de 1998, intitulada "As construções da nação: professoras primárias da Primeira República", revela que as Reformas Educacionais realizadas durante a República apontavam como exigência, além dos "méritos", um "biótipo saudável" para a inserção no magistério. Sendo assim, houve uma baixa significativa de professoras negras na educação pública, na medida em que as mesmas não faziam parte dos padrões físicos exigidos, além do que havia no período a difusão da ideologia higienista. Para essa autora, o preconceito racial não era apontado, mas as exigências citadas acima, ligadas à aparência física, à saúde e à comprovação de estudos, fizeram com que as mulheres negras estivessem à margem do magistério. Muller concorda com Gomes que essa carreira ainda constitui uma forma de ascender socialmente comparada às posições que historicamente os negros ocuparam na sociedade brasileira. No imaginário de brancos, incluindo professores brancos, o magistério não é o lugar de negros. É o que extraímos por meio de uma fala emocionada, presente em nossos grupos focais:

> Eu entrei recentemente na escola e tal, não sabiam quem eu era, eu estava de jeans, tênis *reedbok*, né, quer dizer, marca e tudo mais, se bem que isso aí não quer dizer nada. Eu estava bem trajada praticamente só que apenas *jeans*, uma camiseta e um tênis e a bolsa assim do lado. "Aqui, você busca o pano pra eu limpar esse vômito aqui que o menino acabou de fazer?" [Quem falou isso? Uma colega sua?] Uma colega que não me conhecia como professora da escola... Por que eu? Por que eu? Se bem que eu não tenho nada contra porque minha mãe é auxiliar de escola também, entendeu? E trabalhou muito pra me sustentar. Mas entende a gravidade do assunto? Ela foi preconceituosa comigo. Quer dizer, eu sou negra, eu sou da cozinha, eu sou dos trabalhos, infelizmente, de remuneração menor. Então, é muito complicado. (Grupo 2).

Em 2003, Patrícia Santana, também professora negra da Rede Municipal de Educação de Belo Horizonte, defendeu a dissertação de Mestrado no Departamento de Educação da Universidade Federal de Minas Gerais, cujo tema era a investigação das formas pelas quais as experiências e os processos de constituição da identidade dos(as) professores(as) negros(as) nos ajudam a entender os seus posicionamentos ante a questão racial na escola. Nesse trabalho, a pesquisadora verificou a significativa presença da discriminação racial tanto na trajetória escolar como na trajetória profissional das professoras negras, em diferentes períodos ou locais analisados. Ela entrevistou e analisou os dados de quatro professoras negras (entre elas, a autora desta dissertação) e um professor negro da Rede Pública de Belo Horizonte. Para a pesquisadora, apesar da crescente presença de negros no magistério, o número ainda é ínfimo, se comparado com o número de brancos.

Santana descreve situações em que as educadoras e o educador entrevistados foram agredidos enquanto alunos e, também, no seu percurso como profissionais do magistério. O que pudemos apreender da nossa conversa com as educadoras negras nos grupos foi uma situação em que a maior parte está dando conta de conversar o tempo todo com os alunos e colegas de trabalho sobre as diferenças e a discriminação racial no Brasil e outras, ainda, encontram-se mais acanhadas e só se manifestam quando provocadas de maneira acintosa. Algumas educadoras trabalham de maneira mais sistemática a questão racial em sala de aula e outras não. As formas de reagir às situações de experiência pessoal interferem sim nas reações que elas têm no trato da temática em sala de aula. Muitas observam, percebem a situação e criam projetos ou conversam com alunos e colegas, outras silenciam. Houve o caso de uma professora que chegou a ser chamada de "macaca" por um aluno que não aceitou que ela lhe chamasse a atenção. Segundo as educadoras participantes dos grupos, não foram poucas as vezes em que os pais de alunos se assustavam ao chegarem a uma reunião e encontravam uma negra como professora do seu filho, ou então se havia uma colega branca ao lado, o pai ou mãe se dirigia imediatamente à branca como sendo a provável professora do seu filho. Uma educadora comenta sobre o que deve se passar no imaginário desse pai ou dessa mãe racista: "Você, negra, é professora do meu filho, né? Filho branquinho, loirinho, olhos claros e tal, aquela coisa toda" (Grupo 2). Em algumas situações, percebemos que a direção e o grupo majoritário da escola promovem a invisibilidade desses educadores:

> As pessoas negras não saem, quem é da oposição política e pessoas negras não saem nas fotos. Eu estou nessa escola há 6 anos, não tem foto. Inclusive eles fazem a... como é que fala? Aquele calendário que os meninos recebem, mês a mês e tal, que os professores recebem, tem foto de tudo quanto é gente, de tudo quanto é lugar, dos amigos, o que a gente chama de certa panela, né, que existe um grupo bem coeso lá, então essas pessoas aparecem. E foto do dia-a-dia da escola não aparece. Então, é uma coisa interessante. Quando pegamos fotos de quais as crianças que aparecem nas atividades importantes

> lá, por exemplo, apresentação para os pais, pegamos fotos da história da escola. Estão todos os professores representados ali? Não. Por quê? Não é só a questão racial e até política. Há, mas a questão racial... sabe, eu não tenho uma foto assim, ali junto do pessoal. (Grupo 2).

Tal fala se coaduna com a pesquisa de Muller citada acima, no que se refere à aparência física como condição para ser professora. As professoras expressam o estranhamento por parte de alunos, pais e colegas de trabalho pelo fato de elas serem professoras, de estarem nessa condição que confere um certo *status*. As educadoras presentes nos grupos falaram de alunos que as xingam, reproduzindo a postura de terceiros. O objetivo é desqualificar a profissional na compreensão de que ela não tem legitimidade para saber mais que ele ou dar-lhe ordens ou ainda ocupar, de certo modo, o lugar de sua mãe, que também o educa, ainda que em um outro lugar e em outra situação.

Há, ainda, colegas de trabalho que as confundem com auxiliar de escola, pois com aquele fenótipo não pode ser um colega delas, ter tido o mesmo nível de escolaridade, afinal, negro é inferior ao branco no imaginário social racista brasileiro. Ter uma diretora de escola negra, então, é algo improvável de ser imaginado para uma pessoa que chega a uma escola pela primeira vez à procura do responsável por ela. Afinal, ainda que uma mulher negra tenha conseguido estudar, chegar ao nível superior em termos de escolaridade, a competência dela para ser liderança é algo inaceitável à primeira vista. Nessa perspectiva, o trabalho de Maria José Silva (2003) pode nos ajudar a refletir. Ela pesquisa a trajetória de vida de professoras negras da cidade de Araraquara, São Paulo, e tenta verificar se elas, ao ingressarem na docência, deram conta de não fazerem mais parte da posição social de inferioridade que é atribuída ao negro. A autora concluiu que as professoras continuam à mercê de estereotipias, de estigmas e, conseqüentemente, de sinônimo de incapacidade e inferioridade. Para Silva, apesar do lugar que aquelas mulheres negras por ela pesquisadas assumem, o preconceito e a discriminação ainda fazem parte das suas relações de maneira acentuada.

5. Relações étnico-raciais e educação no Brasil

O racismo dissimulado ou a negação do racismo

> "Saber-se negra é viver a experiência de ter sido massacrada em sua identidade, confundida em suas perspectivas, submetida a exigências, compelida a expectativas alienadas. Mas é também, e sobretudo, a experiência de comprometer-se a resgatar sua história e recriar-se em suas potencialidades."
>
> *Neuza Santos Souza*

Como já foi dito, uma das perguntas feitas às quatorze educadoras negras que participaram dos grupos focais foi sobre o racismo no Brasil. Esta pergunta recebeu respostas variadas, incluindo falas emocionadas, denúncias e compreensões variadas sobre as formas de racismo no Brasil. As categorias elencadas neste capítulo são:

a) negação;
b) fenótipo;
c) discriminação social e não racial;
d) reação em relação ao racismo;
e) miscigenação;
f) cabelo e racismo;
g) racismo e educação na ótica das educadoras;
h) outra área de conhecimento como contribuição;
i) ações afirmativas; e
j) o papel da psicologia.

Negação

O antropólogo Michael Hardt (2000) descreve a forma pela qual o racismo se manifesta na atualidade. Para esse autor, está difícil identificar as manifestações racistas nas sociedades na medida em que políticos, a mídia e até historiadores afirmam que o racismo, desde o fim da escravidão, sofreu um recuo. Hardt afirma que o racismo, ao contrário, aumentou no mundo contemporâneo, mudando a sua faceta e estratégia, assumindo o caráter de diferenças culturais. Para o antropólogo, o discurso biologizante que justificava o racismo na Modernidade foi substituído pelas forças sociais e culturais. Sendo assim, os genes que caracterizavam a cor da pele e davam a substância da diferença racial, que marcou o racismo moderno, sofreram alterações. Os indígenas e negros eram considerados pelos colonizadores povos diferentes, de outra natureza. O racismo na atualidade opera com o pressuposto teórico das diferenças culturais. Pelo racismo que perpassa a sociedade atual, a hegemonia ou submissão das "raças" não é dada a *priori* e sim por uma condição advinda da livre competição, da lei do mercado que privilegia a "meritocracia cultural". Assim argumenta o autor:

> A hierarquia entre as raças não é entendida como causa, mas como efeito das circunstâncias sociais. Por exemplo, os alunos afro-americanos de determinada região têm, nos testes de aptidão escolar, resultados em geral mais fracos do que os alunos de origem asiática. A teoria imperial não enxerga, aí, o resultado de uma inferioridade racial necessária, mas de diferenças culturais: a cultura dos americanos de origem asiática atribui à educação uma importância maior, encoraja os alunos a estudar em grupo, e assim por diante. A hierarquia entre diferentes raças só é determinada *a posteriori,* como efeito de suas culturas, ou seja, a partir de sua performance. (2000, p. 365).

Para Hardt, as diferenças étnicas são aceitas na sociedade, não se exclui as pessoas em função do seu pertencimento étnico, não se prega segregação do outro e nem uma hierarquização entre as raças. No entanto, mantém-se uma separação social, existe uma forma diferenciada de inclusão.

Alfredo Sérgio Guimarães (1998) discute o conceito de raça no Brasil, enfatizando que a utilização desse conceito para os brasileiros é crucial, na medida em que por meio dele é possível desconstruir a compreensão da raça como sendo biológica, possibilitando as práticas discriminatórias, por ter na "cor" a característica propulsora da discriminação. Guimarães esclarece que, no século XIX, não havia dúvidas de que as "raças" eram subdivisões da espécie humana, identificada por características morfológicas como cor da pele, textura do cabelo, forma do nariz e forma craniana. Somando-se a essas características, creditavam-se o potencial moral, psicológico e intelectual que diferenciava essas raças, o que servia para justificar diferenças de tratamento e de estatuto social, levando quase sempre a um racismo perverso e, por vezes, genocida. O autor informa-nos que no século XX, mais precisamente nos anos 20 e 30, o conceito de raça e o racialismo começaram a ser bastante utilizados por Estados nacionais, em função das ambições imperialistas, gerando conseqüências nocivas.

Esse fato levou cientistas (biólogos, antropólogos e sociólogos) a desconstruírem o conceito de raça na compreensão de que ele não possui nenhum fundamento biológico. Assim, não há motivos, do ponto de vista de características físicas, para se considerar que as diferenças possam inferiorizar alguém. As diferenças só existem do ponto de vista cultural. Nessa perspectiva, os conceitos de "população", em biologia, e de "etnia", em ciências sociais, deveriam substituir o conceito de "raça", informa-nos Guimarães, em seu trabalho. O autor acrescenta que o movimento que ele intitula de anti-racialista propiciou que se tornasse senso comum a afirmação de que as raças não existem, e de que o fundamental no Brasil, para que as oportunidades surjam para alguém, é a sua classe social. Por isso, Guimarães considera importante que teóricos ligados às ciências sociais continuem utilizando o termo "raça" para que surja a necessidade de teorizar as "raças", no sentido definido por ele:

> Construtos sociais, formas de identidade baseadas numa idéia biológica errônea, mas socialmente eficaz para construir, manter e reproduzir diferenças e privilégios. Se as raças não existem num sentido estrito e realista de ciência, ou seja, se não são um fato do mundo físico, elas existem, contudo, de modo pleno, no mundo social, produtos de formas de classificar e de identificar que orientem as ações humanas. (1998, p. 35).

Com base nas perspectivas de Hardt e Guimarães, buscamos analisar os relatos que ouvimos em nossa pesquisa, concluindo que está presente no imaginário social brasileiro a concepção de que o(a) negro(a) tem menor capacidade intelectual que o(a) branco(a). Podemos fazer essa inferência a partir de várias falas, como a da professora que diz se ter esforçado para ter desempenho igual às colegas brancas em uma escola privada para que não fosse considerada "burra", ou no relato da outra educadora sobre o distanciamento de colegas brancos(as) da faculdade até que ela provasse que é capaz, que é inteligente. Ainda podemos mencionar a situação da professora hostilizada pelo diretor da faculdade privada em função do seu atraso de pagamento, quando este se referiu a esse "povo" que não deveria estar na faculdade. Em todas essas situações, não foi explicitada a situação de racismo. Em nenhum momento foi dito literalmente que estava em questão a cor da pele, porém ela está intrínseca nas relações que as educadoras viram como casos de racismo pelos quais passaram.

A nossa compreensão é a de que existe a negação do ser negro(a) por parte de muitos(as) negros(as) e a negação da existência do racismo por parte de muitos brancos. Esse mito, aliado ao racismo em relação aos(as) negros(as) em função do seu fenótipo, é que torna essas situações confusas no que se referem às relações étnico-raciais no Brasil. Uma expressão dessa reflexão está presente no grupo focal:

> O Brasil não aceita que é racista, as pessoas não aceitam que são negras... e se você for discutir profundamente a consciência negra de cada um, eu percebo que as pessoas se sentem, de uma certa forma, roubadas na herança européia delas. Como se você for virar pra alguém que você olha, você vê que a pessoa não é branca. Você é negro tanto quanto qualquer um de nós, a pessoa percebe: não mas se eu [...] for considerado negro, eu vou ser roubado na minha herança européia, é uma derrota pra mim. É muito bom ser descendente de algum europeu, todo mundo diz com orgulho. De português nem tanto orgulho... eu sou descendente de italiano, de alemão. A pessoa enche a boca pra falar: "Eu sou descendente de polonês". A pessoa enche a boca. Mas a pessoa fala que ela é descendente de português

> nem tanto, não tem tanto orgulho. Descendente de africano... Até por que essa descendência foi roubada da gente. Não tem como a gente pesquisar quem são os ancestrais da gente... não pode falar meu bisavô, meu tataravô... a gente não sabe quem é. Então, a gente não tem o lugar de onde a gente veio. De onde que a gente veio? Não tem como a gente buscar na... na árvore genealógica da gente quem é o ancestral da gente. Então, fica uma coisa complicada aqui, porque ninguém quer falar disso, porque, se a gente num falar disso, fica como uma coisa que não existe, né? Eu percebo que é assim." (Grupo 1).

No segundo grupo focal, uma educadora relatou que estava dentro de um táxi e um motorista branco dirigindo um carro ao lado tomava cerveja e ela o observava com a latinha na mão; quando acabou o líquido, ele jogou a latinha pela janela em direção ao asfalto. Ao olhar para ele com a cara feia e acusá-lo de mal-educado, o cidadão lhe respondeu: "O que foi, sua neguinha? Que que foi? Qual o problema?". Ela destaca então, além do xingamento, a sua percepção de que o sujeito deu ênfase à cor da sua pele, o que, para ela, reflete a idéia de que negros(as) não têm capacidade para inferir juízo sobre o que seja uma boa conduta. Segundo a professora, possivelmente o cidadão em questão diria, se indagado, que não é racista.

Fenótipo

As educadoras nos falam das suas características físicas como cerceadoras de efetivas possibilidades de ascensão social e até mesmo do relacionamento afetivo. Algumas entrevistadas narram o fato de terem sido indicadas por vendedores de loja a que procurassem um produto mais barato para que tivessem condição de adquiri-lo, sem que demonstrassem tal necessidade. Outro situação descrita foi em uma loja em que um vendedor, também negro, informa à professora, logo no início do diálogo, que só vendia parcelado para quem tinha cheque, obrigando-a a responder que possuía talão de cheques. Em nenhum momento aparece, de maneira explícita, que o fato de serem negras interferiu no processo do tratamento dispensado, mas fica patente que o fenótipo dessas educadoras definiu para os vendedores de loja que elas eram pobres e não podiam comprar um produto de valor mais elevado. Em um desses momentos, a filha adolescente de uma das educadoras que estava junto com a mãe afirma: “Puxa vida, mãe, ser negro neste País é difícil!” Em um outro momento do grupo, há a fala da educadora que, quando era estudante de graduação, foi fazer um trabalho escolar na casa da professora. Ao chegar à portaria, o porteiro indicou qual era o elevador que ela deveria entrar e ela percebeu que o elevador era de serviço. Quando se aproximou dele, voltou para procurar o elevador social, olhou bem nos olhos do porteiro, respirou e se dirigiu ao elevador social. A educadora afirma que, se fosse nos dias de hoje, reagiria: “Hoje eu teria feito outras coisas. Não falei nada com ele também não, mas... eu teria feito outras coisas”.

Discriminação social e não racial

Destacamos a fala de incômodo com o fato de as pessoas afirmarem que o preconceito advém da classe social e não da cor da pele, assim como problematizado acima por Guimarães. Uma professora negra foi barrada em um condomínio de luxo em Belo Horizonte. A colega branca disse: “Se eu também fosse lá, sem me produzir, de chinelo de dedo, seria barrada”. O professor, que mediava a conversa citada na ocasião, redargüiu: “Mas se você for em casa, se produzir, você entra, a negra não. Ainda assim, ela seria barrada, porque o Brasil é um país racista”. No grupo focal, já haviam surgido várias evidências de que a discriminação é racial primeiramente, não que não exista a social, mas, no caso dos(as) negros(as), ela aparece em segundo plano. “Então, o Brasil, ele nega, ele tenta misturar, ele tenta colocar o negro num balaio e fala que não há discriminação, ela é social”. (Grupo 1).

Uma visão expressa no Grupo 1 sobre a forma de racismo no Brasil resume as falas dos grupos de forma lúcida:

> “Eu vou falar o óbvio, todo mundo já repete. Eu acho que o Brasil é um país racista, mas ele não aceita isso. Ele não quer... ninguém quer ser pai de um filho feio, né? E o racismo é uma coisa condenável, a mídia sempre mostra. Todos os conflitos étnicos, que é imundo, são vergonhosos, tem muita

> matança, tem sangue, tem muita coisa deprimente. Então o Brasil não quer ser associado com isso. Então, se ele pensar no racismo, pelo o que a mídia mostra, pelo sul dos Estados Unidos, pela África do Sul, Israel, o que for mostrar que pode haver conflito étnico, racial. O Brasil não quer ser associado com o negativo disso, com essa imagem [...] ruim. Então, ele não admite, não fala isso abertamente, não se justifica cota, não se justifica trabalho de Movimento Negro porque não existe esse problema, nós não temos esse problema. No que a gente não fala, aquilo não existe, né? Então, o Brasil não aceita." (Grupo 1).

Percebemos, então, a clareza da tentativa de imputar as desvantagens como uma questão prioritariamente social e não racial. É o mito da democracia racial operando na sociedade brasileira.

Reações em relação ao racismo

Consideramos pertinente, ao refletirmos sobre o racismo no Brasil, que foi um país colonizado, analisarmos os estudos sobre a identidade do negro colonizado a partir da obra *Pele Negra, Máscaras Brancas* (1983), do psiquiatra argeliano Frantz Fanon, tese de conclusão do curso de Medicina, na França, rejeitada pela escola. Trata-se de um estudo clínico. Fanon viveu de 1925 a 1961 e foi também um político revolucionário que entendia a psiquiatria como um ato político revolucionário. Na obra citada, o autor conclui que o preconceito de cor é um fenômeno superestrutural que reflete a irracionalidade da estrutura que o produz, levando à divisão de poder que aponta os colonizadores como os que determinam os valores a serem orientados, principalmente a inferioridade do colonizado. Tal pensamento foi considerado à época um processo de psiquiatria revolucionária. Fanon afirma que o negro não é um homem completo, dada a sua condição encarcerada de opressão e complexo em relação ao seu corpo. Para ele, o negro é um homem negro, ou seja, ele está firmado em um universo do qual necessita sair. Precisa se libertar da cor de si mesmo e buscar o universalismo de ser humano acima da cor da pele.

Diz também o autor que o branco se obstina a obter a sua condição de homem. O branco é escravo da sua brancura. Para ele, a acareação das raças branca e negra revelou um complexo psicoexistencial de massa. Muitos negros e brancos não se encontraram nas linhas apresentadas. Portanto existe uma incompletude nos indivíduos, que nos leva a pensar que as identidades não se encontram fixas. Buscamos uma interlocução desses apontamentos com a obra de Neusa Santos Souza: *Tornar-se Negro* (1983). Mulher negra, psicanalista, pesquisou acerca de "tornar-se Negro" no Brasil. A autora parte de estudos de casos de negros em ascensão social no Brasil e revela a difícil experiência de um negro que tem que, a todo o tempo, buscar reafirmar-se como tal, para não ter a sua identidade racial massacrada. Todo o tempo tem que resgatar a sua história e recriar as suas potencialidades para alcançar a ascensão social. Santos demonstra ainda que a ideologia do embraquecimento e a democracia racial que permeiam as relações raciais no Brasil impõem ao negro a necessidade de ter os valores de brancos como condição para alcançar êxito. No prefácio do livro, Jurandir Freire Costa argumenta:

> Para que o sujeito construa enunciados sobre sua identidade, de modo a criar uma estrutura psíquica harmoniosa, é necessário que o corpo seja predominantemente vivido e pensado como local e fonte de prazer. As inevitáveis situações de sofrimento que o corpo impõe ao sujeito tem que ser "esquecidas", imputadas ao acaso ou a agentes externos ao corpo. (1983, p. 6).

Ora, para nós, fica o sentimento de que um negro que rejeita a sua própria cor de pele, seu próprio corpo, em função do ideal de ser branco, está em busca de uma identidade que lhe cause um bem-estar no mundo. A negritude, em função do preconceito racial, não o leva a tal condição. No entanto, o negro tem a clareza de que mesmo o homem branco não é um ser perfeito, completo. Jurandir Freire Costa, na obra de Santos, aponta a problemática da negação de pertencimento:

> Para o sujeito negro oprimido, os indivíduos brancos, diversos em suas efetivas realidades psíquicas, econômicas, sociais

> e culturais, ganham uma feição ímpar, uniforme e universal: a brancura. A brancura detém o olhar do negro antes que ele penetre a falha do branco. A brancura é abstraída, reificada, alçada à condição de realidade autônoma, independente de quem a porta enquanto atributo étnico ou mais precisamente, racial. (1983, p. 4).

Emblemática para essa idéia é uma passagem de *Pele Negra, Máscaras Brancas*, quando uma mulher negra, martinicana, conta, em um livro, o seu casamento com um homem branco e, ao ser indagada se exigia algo dele, da sua afetividade, ela responde: "Só sei que tinha olhos azuis, cabelos louros, pele clara e que eu o amava". A brancura dele em sua vida bastava para lhe dar contentamento.

Fanon refuta nessa obra a idéia de que o colonizado é dependente do colonizador. Ele insiste na hipótese de que os povos dominados, principalmente por razões econômicas, sempre resistiram, negaram a condição de subalternidade e buscaram reafirmar a sua capacidade de inventividade, sua produção cultural, seu desejo de poder e que a luta de classes sempre permeou as relações humanas. O autor reflete ainda sobre a experiência de ser negro. Para ele, a grande questão não é ser negro, mas sê-lo diante do branco. O racismo leva o homem negro a um movimento para lidar com a sua negritude no mundo, com as suas questões de auto-estima, de ascensão social. Não fosse o racismo, o preconceito e a discriminação, ele não seria obrigado a lidar com essas situações de maneira tão conflitiva, na maioria das vezes. Reflitamos acerca do argumento de Freire na obra de Neusa Santos Souza:

> A ideologia de cor é, na verdade, a superfície de uma ideologia mais daninha, a ideologia do corpo". De fato, parece-nos evidente que o ataque racista à cor é o "close-up" de uma contenta que tem no corpo seu verdadeiro campo de batalha. Uma visão panorâmica, rapidamente, nos mostra que o sujeito negro, ao repudiar a cor, repudia radicalmente o corpo. (1983, p. 5).

Não são poucos os casos que presenciamos de pessoas que apresentam sérios problemas com a auto-estima. A desvalorização do corpo negro nas sociedades é inegável, levando muitas vezes o sujeito a um completo desolamento, afastando-o de possíveis situações de prazer. Frantz Fanon argumenta também em seu trabalho que as escolas psicanalíticas estudaram as reações neuróticas que nasceram em certos meios, mas questiona se esses estudos, de fato, deram conta de contemplar a questão do negro. O psiquiatra trabalha com o exemplo de uma criança negra que, enquanto está no seio familiar, lida com o seu ser de uma forma diferente de quando ela chega à escola. Nesse momento, ele é convocado, na maioria das vezes, a adotar uma atitude de branco, em função da negação do seu corpo por parte dos seus colegas. Entre os seus familiares, ela era aceita. No entanto, ao chegar entre os "diferentes", as suas atitudes devem ser alteradas, em função da busca de aceitação. Os problemas emocionais e afetivos afloram-se de maneira diferente do que acontece com uma criança branca que chega à escola, segundo Fanon. Uma criança considerada "normal", criada por uma família "normal", será um homem "normal", sem desproporções, a priori, segundo ele. A tendência é a de que o rejeitado pela cor da pele assuma uma postura antagônica à sua matriz racial e se adeque à postura de um mundo de heróis brancos.

Finalmente, em *Pele Negra, Máscaras Brancas*, o autor discute a questão do reconhecimento. Argumenta que os negros são comparação. O negro está sempre necessitando da valorização do outro. A noção de mérito está sempre presente na relação com o outro. O negro, por si só, não tem valor próprio perante a sociedade, segundo o autor. Depende invariavelmente de como o branco o vê. O psiquiatra propõe que, para que se possa libertar do enclausuramento, da alienação, o negro deve libertar-se do passado de escravidão e submissão e tornar-se um ser que questione. Fannon discute, então, o lugar que se deseja colocar as pessoas, o quadro de referência construído, a identidade que se quer impor a alguém em função da pressuposta hierarquia do colonizador em relação ao colonizado e que se pode inferir, tanto no caso do Brasil como no de outros países, a pretensa superioridade do branco em relação ao negro.

Souza também permite que releiamos Fanon, quando fala do negro cujo Ideal de Ego é branco, a partir de uma imposição social de reconhecimento. Branco quer dizer possibilidade de ascensão social, inteligência, poder. Daí, para o negro, a necessidade de construção de um Ideal de Ego branco. Em *Pele Negra, Máscaras Brancas*, está presente a necessidade do negro em trajar-se como o branco, falar a linguagem do branco, na tentativa de igualar-se a ele e ser, finalmente, valorizado.

Consideramos relevante as leituras de Frantz Fanon (1983), Neuza Santos Souza (1983) e Homi Bhabha (1998) para contribuir com as reflexões trazidas pelas educadoras negras que relataram o esforço de serem reconhecidas pelos colegas de trabalho ou de estudos, a tentativa de alunos(as) em colocá-las como brancas ou "a marrom", a busca de educação formal qualificada como possibilidade de ascensão social, bem como a preocupação com a escolaridade de seus(suas) alunos(as) negros(as). Registramos ainda, na nossa pesquisa, os sentimentos de angústia, revolta, o desejo de se tornar invisível em função dos momentos de discriminação racial. Na nossa avaliação, tais sentimentos, a partir do conhecimento das situações de racismo pelos quais educadoras e alunos(as) passaram, são a determinação em contribuírem para a desconstrução do mito da democracia racial e a criação de estratégias de combate ao racismo.

Ao se conceberem negras e perceberem a situação estrutural de desvantagem pela qual o(a) negro(a) passa no Brasil, as educadoras reagem enfrentando a situação, na maioria das vezes, ou, no mínimo, apresentam reflexões. Assim como sinaliza Souza, citada na abertura deste capítulo, o saber-se negra para essas mulheres levou-as a tentar resgatar as suas histórias, a reinventar formas de viver com dignidade, a despeito das marcas do racismo e das tentativas de subalternizá-las. Ressaltamos uma fala que externa essa postura. Em uma situação em que o vendedor de loja informa à determinada professora que existe um produto de menor valor para oferecê-la, ocorre uma reação de enfrentamento: "Eu num perguntei, não. Eu não estou perguntando, estou perguntando o valor deste aqui, eu me interesso por este aqui... Olha, minha filha, se eu não tivesse condição de comprar, eu não estaria entrando aqui na loja pra comprar". (Grupo 1).

Nos grupos focais com os quais trabalhamos, preponderante foi a reação de enfrentamento das educadoras diante de situações de discriminação na vida pessoal e não o silenciamento. Não podemos deixar de registrar os relatos que apontam para o valor que as educadoras dão à escolaridade de seus(suas) alunos(as). Uma professora diz do seu orgulho quando percebe a sua fundamental contribuição para o desenvolvimento e crescimento dos seus alunos. Parece-nos haver uma cumplicidade gerada pelo mesmo pertencimento étnico, a partir da compreensão da necessidade de colaboração para que os afro-brasileiros tenham melhor sorte nas relações sociais. Houve uma situação citada de uma senhora de aproximadamente 60 anos, em uma turma de alfabetização para jovens e adultos. Essa senhora era empregada doméstica e demonstrou um contentamento muito grande quando aprendeu a ler, pois não precisaria mais perguntar às pessoas qual era o seu ônibus. Foi um momento de muita emoção para a educadora, que possibilitou essa aprendizagem, e para a senhora negra que demonstrou sentir-se mais digna como cidadã. Seguramente, ficou explícito a melhoria da auto-estima da aluna. Para ela, dignidade era:

> Uma porção de coisas, mas sobretudo que ela tava buscando na escola um jeito de ter é ...essa tal de dignidade aí. Ela só conseguia identificar o ônibus da comunidade! Então, agora, ela poderia sair do mundo comunidade-serviço, serviço-comunidade! E que era essa questão da dignidade sim! Ela sentia que a escola e que a leitura dariam a ela uma dignidade maior. (Grupo 2).

Miscigenação

Por meio das entrevistas, apreendemos também um outro núcleo de estudos sobre as relações raciais no Brasil, que é o debate sobre miscigenação. O psicólogo Emanuel Mariano Tadei (2002) será a nossa referência inicial para o tema. Para ele, a mestiçagem não é um fenômeno natural, como era dito no Brasil no início do século XIX, e sim um dispositivo de poder, no sentido utilizado por Michel Foucault. O autor considera que Gilberto Freyre assumiu a posição de que os portugueses, colonizadores do país, tinham uma predisposição à miscigenação, o que levaria a um relaxamento dos preconceitos raciais. Tadei discorda dessa compreensão ao comparar o processo de colonização de Portugal em relação à Índia e à África, em que a mesma predisposição para a miscigenação não esteve presente. Para o autor, o processo de mestiçagem em larga escala ocorrido no nosso País teve como estratégia o dispositivo de poder. Para ele, dispositivo é um tipo de formação que tem por finalidade, em um certo momento histórico, responder a uma urgência. No caso do processo de miscigenação no Brasil, promovido pelos portugueses, o objetivo era justificar e mascarar as práticas racistas. Sendo assim, o objetivo era criar um conjunto de saberes, estratégias de poder em relação à identidade nacional brasileira, com o propósito de integrar e acalmar as etnias que estão na base da nacionalidade brasileira (os indígenas do Continente e os negros africanos). Segundo Tadei, o dispositivo de mestiçagem coordenou as ações com a intenção de criar uma consistência entre todas essas culturas com fins de manipular e cercear manifestações eventualmente incontroláveis. Ou seja, o governo financiava a vinda de estrangeiros não por mero desejo e sim como tentativa de não ver a expansão da "raça negra", ou de vê-la diluída na sociedade brasileira. Nas palavras do autor:

> O dispositivo de mestiçagem apresenta as seguintes características: ele incita à mistura étnica; coloca a sexualidade num plano estratégico, ou seja, como o veículo capaz de promover a confraternização das etnias; dilui a identidade nacional, ao apostar num amálgama capaz de unir os vários elementos que compõem nossa nacionalidade, porém, manobra essa identidade em construção para determinadas direções, conforme a conjuntura de cada período de nossa História. (2002, p. 9).

O dispositivo da mestiçagem cumpriu, então, o papel de promover a mistura étnica apagando as origens, apagando o passado e suas contradições, "des-historizando" as raízes históricas. A partir do momento em que o(a) negro(a) foi de alguma forma "integrado" à sociedade brasileira, houve uma fusão com elementos da cultura européia. Propalava-se, nesse momento, a idéia de uma identidade nacional, como se não houvesse uma singularidade na cultura do negro ou do indígena. A referência de cultura era a referência européia; as identidades e culturas de grupos não-hegemônicos não eram consideradas expressivas.

Portanto, os segmentos populacionais citados tiveram o seu processo de identidade cultural negado. Pretendemos, então, chamar a atenção para a fala em um dos grupos sobre a sua condição de ser considerada mulata, por ter a cor da pele mais clara e ser filha de pai negro e mãe branca:

> O que mais me incomodou foi já na juventude, entre as pessoas que me conheciam, né? É a coisa do ser MULATA!, no sentido de objeto sexual. É o tratamento que... é esse que me incomodou mais. Inúmeras vezes ele aconteceu e me incomodou PROFUNDAMENTE. Nessa condição de você perceber uma abordagem quase que de obrigação que você teria que ser gentil com determinado cavalheiro, cavalheira, porque você é mulata e então você é um objeto de consumo e exportação no País. Então, você tá disponível, você não tem que ser consultada. Você não tem que tá a fim do sujeito não! Né? O sujeito já chega perto de você PREDISPOSTO a isso. E é muito engraçada a reação de algumas mulheres, não necessariamente brancas, diante disso... porque há um comportamento de mulheres também no sentido de te ver como uma ameaça. Ela te vê como ameaça porque você tem um determinado tipo de corpo. (Grupo 1).

O imaginário sobre a mulata sensual, sambista e boa de cama, de fato, perpassa o imaginário nacional. Nos momentos de revelar a cultura do afro-brasileiro, como o carnaval, muita ênfase se dá às mulheres negras, exaltando essas características, mas poucas reflexões são feitas a respeito da história da mulher negra e à posse forçada do seu corpo pelos senhores escravocratas. Nos grupos, surgiram falas sobre crianças que se incomodam com a presença de colegas e professoras negras, algumas vezes negando a cor destas. A leitura das educadoras é a de que "pra eles gostarem de você, você precisava ser a marrom". Melhor dizendo, a mistura étnica promovida lá no século XIX contribui para que as pessoas sejam um meio termo entre o branco e o negro, permitindo então que sejam "aceitáveis". Interessante é o relato de uma professora em nossa pesquisa, chamando a atenção ao dizer que é a figura do negro mesmo o que lhe vem à mente quando se fala em racismo no Brasil. Para ela, quando as pessoas começam a buscar tons *degradê* para justificar o tom da pele de alguém, estão reforçando a negação do racismo e a idéia de que uma pele mais ou menos clara é negociável nas relações sociais:

> Pra mim, quando fala em racismo, primeiro me vem a figura do negro, mas aquele NEGRO, NEGRO, NEGRO MESMO, sabe! Porque quando começam a fazer e estabelecer diferenças do negro com moreno, do negro pardo, do negro, sabe! dessa mistura, do mulato, eu acho que é um complicador e, às vezes, as pessoas pensam que... tão elogiando a gente falando assim: "Ah! Mas você não é negra!" (Grupo 2).

Uma outra questão que surgiu nos grupos focais, permitindo-nos uma leitura sobre o processo de miscigenação, refere-se ao casamento inter-racial. As educadoras casadas com homens brancos e com filhos que apresentam características de mulato e de negro, ao responderem sobre o racismo na sociedade brasileira, remetem-se à figura da polícia como muito forte ao discutir o tema no Brasil. Segundo elas, os amigos brancos e os filhos considerados mestiços só foram abordados quando estavam em companhia dos filhos de pele escura:

> É! Aí eu já fico pensando: "Meu Deus, será quando que eles vão abordar o meu filho?!" Então eu já falo, sempre eu falo com ele: "Por favor, tá levando documento? Tá com todos os documentos? Olha direitinho se você tá levando documentos?" Ah! então, você tá levando documento, que ótimo! Mas aquilo eu já penso assim: "Meu Deus do céu! Oxalá, ogum, xangô protege meu filho, vai com ele, lado a lado, sabe?" Porque A POLÍCIA TÁ SOLTA sabe? eu logo penso nessa questão, sabe? E a gente, a gente pensa porque a gente tem uma referência pra pensar né! ?O outro filho é negro, mas os traços são diferentes. Ele raramente é abordado pela polícia, aliás ELE É ABORDADO QUANDO ELE ESTÁ COM O IRMÃO DE PELE ESCURA. (Grupo 2).

As professoras revelam um outro dado importante já abordado com mais freqüência na atualidade: a agressão do aparato policial em relação aos(às) jovens negros(as). Na fala delas, está presente ainda a condescendência com os filhos considerados mulatos, que só são abordados quando estão com os irmãos negros, ou seja, para nós, fica a evidência de que no imaginário social brasileiro é mais aceitável e passível de um bom ou relativo tratamento se forem mestiços, se comparado aos(às) negros(as). Mais a frente, tataremos de uma publicidade que foi analisada pelas professoras. Um rapaz com cabelo estilo *black power* aparece na publicidade.

Cabelo e racismo

Nos grupos focais, o cabelo foi assunto recorrente, tanto no momento inicial de reunião dos grupos, quando falamos sobre o racismo na sociedade brasileira na opinião de cada uma delas, como no segundo momento, em que se assistiu à publicidade sobre o negro com o cabelo *black power.* Sendo assim, a equipe considerou relevante que uma categoria, ao estudarmos sobre racismo na sociedade brasileira, é a relação entre cabelo e identidade racial.

Tomamos como referência para este trabalho, o livro *Sem perder a raiz – Corpo e cabelo como símbolos da identidade negra* (2006). O livro é fruto da tese de Doutorado de Nilma Lino Gomes, por meio de pesquisa realizada em três salões étnicos de Belo Horizonte. Nele, Gomes afirma que a dupla "cor da pele e cabelo" permite uma melhor compreensão das relações raciais desenvolvidas no Brasil. Diz ainda que o cabelo crespo pode ajudar a entender e revelar as faces da classificação racial, sendo uma linguagem. A autora compara o estilo de cabelo ao mito da democracia racial: esta encobre conflitos raciais, enquanto os estilos de cabelo ou penteado usados por aqueles que têm cabelo crespo podem camuflar a sua origem étnica. Segundo Gomes, essas formas e esses estilos podem revelar uma identificação como pertencimento étnico-racial, expressando reação de enfrentamento, resistência e até mesmo denúncia contra o racismo. Ao se referir aos estudos sobre as relações raciais brasileiras realizados por estudiosos das ciências sociais no século XX, Gomes registra alguns trabalhos que têm como referências o cabelo e a cor da pele como categorias que, muitas vezes, revelam a classificação de quem é negro e quem é branco no Brasil.

Em outros momentos, assinalam o caráter dúbio do racismo brasileiro. Um dos estudiosos do período, compreendido entre as décadas de 20 e 50, citados pela autora, é Oliveira Vianna, defensor do branqueamento, segundo ela.

Para a pesquisadora, o autor considerava negros e indígenas bárbaros e acreditava que só seria possível serem considerados civilizados, quando cruzassem com os brancos, ainda que, em alguns momentos, o cruzamento não fosse totalmente eficaz, pois, na maioria das vezes, os mestiços teriam uma vocação para ficarem abaixo do que ele chamava de tipo superior. Gomes nos informa ainda que esse estudioso reconhecia a possibilidade de um mestiço superior, desde que conseguisse, com esforço, ascender às classes superiores, desde que apresentassem uma "aparência física" mais aproximada à do branco, principalmente no que se referia ao cabelo e à cor da pele. Essa compreensão de Vianna, relatada pela pesquisadora à época da construção da sua tese, dialoga com a fala de uma professora no nosso grupo focal:

> Aí também me passa essa distinção que as pessoas comumente fazem, mas quando eu penso em racismo, eu lembro, por exemplo, às vezes, a pessoa tem um tom de pele um pouco mais claro, mas se ela tem um cabelo que é de um traço negro mais gritante, ela também vai ser alvo daquilo, então a questão do cabelo pra mulher é muito falado, né! A questão dos traços mesmos, que já foi comentado. Então, você percebe até que, às vezes, não é nem só a questão do tom de pele mesmo. Às vezes, o traço do nariz, o cabelo mesmo. (Grupo 2).

Na compreensão das professoras, ainda que o tom da pele seja aproximado dos valores de aceitação social, o cabelo é determinante para o preconceito racial, sendo necessário, então, uma combinação de cabelo liso e tom da pele claro para que a pessoa seja considerada branca ou morena no Brasil. O trabalho em questão assinala os estudos de Pierson (1945), ao dizer que, para este autor, a textura do cabelo era mais relevante que a cor da pele para a classificação do pertencimento étnico do sujeito. Ele dizia que era comum se ouvir na Bahia sobre pessoas um pouco escuras, mas de cabelo "bom".

As escritoras Ayana D. Byrd e a jornalista Lori L. Tharps, citadas por Gomes, publicaram um livro intitulado *Hair Story: untangling the roots of black hair in América* (2001), em que, segundo Gomes, as autoras registram que, no início dos século XV, o cabelo funcionava como um condutor de mensagem na maioria das sociedades africanas ocidentais. Nessas culturas, o cabelo era parte integrante de um complexo sistema de linguagem. Para Gomes, as análises e o resgate histórico presente no livro apresentam detalhes consideráveis para os estudos sobre a trajetória dos cabelos dos negros no Brasil. A autora relata que as pesquisadoras revelaram a crença no poder espiritual do cabelo cultuada pelos africanos e relatou que uma mãe-de-santo disse a ela que, no candomblé, o cabelo também é visto como um símbolo de poder. Ao se fazer a cabeça, no ritual de iniciação do candomblé, uma das ações primordiais é a raspagem do cabelo.

Por outro lado, a faceta perturbadora do racismo nos levou, durante as nossas entrevistas, a ouvir falas de como as professoras se sentiam incomodadas com a não aceitação dos seus cabelos crespos por parte das pessoas. Houve concordância nos grupos sobre como a mãe penteava o cabelo para dar uma forma "aceitável" na relação com os colegas brancos na escola e na vizinhança. E a melhor forma de apresentação, na maioria das vezes, eram as tranças, para que eles não ficassem "atrapalhados". Disseram que, na verdade, o grande desejo era ter os cabelos lisos, como o das colegas brancas: "Ninguém pode negar que, alguma vez, já sonhou com um cabelo lisinho... todo mundo... que de tanto você ouvir 'ruim, sarará, num sei o quê...' Então todo mundo já sonhou com um cabelo liso. Todo mundo já sonhou com um cabelo lisinho" (Grupo1).

Segundo elas, a mídia elege os padrões estéticos que vai reproduzir e as pessoas só vão comprar aquilo que viram na propaganda:

> Então, a propaganda aparece justamente por isso: é a imagem do negro, a imagem da veste, os calçados, o cabelo agora que aparece mais solto, mais leve, menos produzido É a imagem sendo vendida e aquilo que tá sendo mostrado a gente acaba comprando, é bonito! (Grupo 1).

Racismo e educação na ótica das educadoras

Uma valiosa contribuição que buscamos para tentar compreender a história de escolaridade de negros(as) no Brasil foi no trabalho de Carolina de Jesus (1986), em que ela revela a forma pela qual negros(as) foram tratados(as) ao longo da história da escolarização no Brasil. Ela se refere a situações de racismo sofridas na infância de Bitta, personagem do seu livro *Quarto de despejo*, bem como a situação das demais crianças negras à época. Segundo Jesus, em 1925, as escolas admitiam alunas negras; no entanto, essas alunas retornavam à casa, vindo das escolas, chorando, sem querer voltar, pois os brancos diziam que os negros eram "fedidos".

O esforço que faremos neste tópico é o de tentar compreender a importância dada à educação pelas educadoras negras nos nossos grupos focais. Tentamos captar o significado da sua própria escolaridade, da escolaridade dos(as) seus(suas) alunos(as) negros(as) e da formação escolar para a população negra de maneira geral. Iniciaremos descrevendo os percursos que as quatorze educadoras negras construíram para alcançar o curso superior. Os grupos expressaram as dificuldades pelas quais todas passaram em relação à qualificação educacional, expondo como o racismo na sociedade brasileira contribuiu para o retardamento da conclusão dos seus estudos. De acordo com os dados da pesquisa realizada em 2001 e 2002, em São Paulo, Belo Horizonte, Porto Alegre, Salvador, Recife e Distrito Federal, pelo Departamento Intersindical de Estatística e Estudos Socioeconômicos (DIEESE), as mulheres negras encontram maiores dificuldades para completar a escolarização. Em São Paulo, por exemplo, apenas 6,6% das negras no período citado haviam concluído o ensino superior, enquanto entre as não-negras a porcentagem era de 26,2%.

Constatamos também que a despeito dessas dificuldades, houve uma educadora, na faixa de 30 a 40 anos, que concluiu dois cursos superiores e já ingressou no curso de pós-graduação. Essa possibilidade de concluir dois cursos superiores e ainda ingressar em um curso de pós-graduação não era recorrente no período de escolarização das mulheres na faixa etária de 35 a 50 anos de idade presentes no grupo focal. Verificamos, então, as mudanças que se operam nas possibilidades de escolaridade para as mulheres na atualidade, incluindo as negras. Um diretor da universidade privada onde uma delas estudava fez uma abordagem considerada agressiva diante do fato de ocorrer atrasos em relação ao pagamento das mensalidades. O grupo considerou que a cobrança foi feita de maneira hostil pelo fato de o diretor ser racista e ter dito que esse 'povo", o negro, segundo interpretação delas, não tem como quitar as prestações da universidade, não devendo estar lá. Segundo ela, essa foi a fala do diretor: "Eu não sei pra que esse povo entra numa faculdade se não tem como saldá-la, como mantê-la". No momento houve um sentimento de humilhação, mas também reação de enfrentamento. Algumas palavras "sem educação", mas nada que o diminuísse como "pessoa, como ser humano".

Nos grupos havia professoras que estudaram em escola particular quando crianças e sentiam a necessidade de ter um desempenho acima da média para não serem consideradas "burras". Notamos em um relato que o fato de ela ser negra influenciava no entendimento das professoras de escola privada em relação à competência intelectual de negros(as). "Por estudar numa escola particular onde eu tinha que estar acima, né? O desempenho acima... porque, se não demonstrasse, seria burra" (Grupo1). Ainda assim, eram consideradas "ralé", embora os pais pagassem regularmente as mensalidades. Segundo elas, os serviços dos colégios para os(as) negros(as) eram os piores, sem que eles(elas) pudessem reclamar. As marcas do sofrimento em relação a essa situação estão presentes nas falas das professoras: "Isso aí me doeu durante muito tempo... e ainda dói um pouquinho quando eu falo" (Grupo1).

Fizemos uma analogia que consideramos preciosa em relação a uma situação vivida pela sobrinha de uma delas, que estuda atualmente a etapa da educação infantil em uma escola privada. É uma das três negras em sua turma. A criança, de cabeça baixa, disse: "Eu tinha tanta vontade de ser invisível". No momento em que essa vivência da sobrinha é externada, no grupo também ocorre a fala no sentido do mesmo sentimento, pois na escola em que trabalham passaram por alguns problemas que as deixaram com a mesma sensação. Ou seja, as mesmas situações vivenciadas por mulheres negras como alunas, no passado, são ainda hoje experimentadas por elas na condição de educadoras, além do fato de alunas negras também, nos dias atuais, passarem pelo mesmo processo de discriminação.

Outra área de conhecimento como contribuição

A formação em outra área de conhecimento pode contribuir para a formação dos(as) alunos(as) com os(a) quais elas trabalham. Cursar Direito, por exemplo, foi considerado fundamental para contribuir com a formação da cidadania de alunos(as) negros(as). São informações que permitem que eles possam recorrer a instrumentos legais para exigirem respeito e atendimento à legislação: "Eu mostro pra eles que, mesmo nessas questões, que a princípio pra eles não são cruciais, também você tem que ter o outro lado, tem que pesar sempre a argumentação". No mesmo grupo focal, contou-se que insistem muito com os estudantes que são de um aglomerado de vilas sobre a importância dos estudos como possibilidade de alcançar melhores oportunidades na vida, de terem condições de vida igual a que tem o branco. Retratam que se apresentam como exemplo de que é possível o(a) negro(a) ser feliz, morar em um lugar não estigmatizado e ter uma vida mais confortável. Mas sem estudar, fica difícil alcançar tal situação:

> Vocês são... são gente, vocês são vivos, vocês merecem ser mais felizes do que são, né! E a possibilidade que vocês têm de serem felizes, que eu, por exemplo, ainda acredito, é essa, é estudando um pouco mais, vocês têm que sair da favela, vocês merecem, né! Então, eu estou aqui trabalhando com vocês, mas eu sou filha também de trabalhador, né! Mas eu tive que estudar pra estar aqui. (Grupo 2).

Ações afirmativas

No grupo focal, surgiu o debate sobre cotas para afro-brasileiro na universidade como uma das estratégias que tem sido utilizada como política de Ação Afirmativa. Para essa categoria, nós nos referenciamos inicialmente nos estudos de Antônio Sérgio Alfredo Guimarães (2003), em que ele analisa o movimento principalmente de jovens negros(as) em busca de melhores oportunidades educacionais. Para o autor, em 1978, as diversas organizações políticas e culturais negras que fundaram o Movimento Social Negro se diferenciaram das organizações criadas nos anos 20 em São Paulo, em que a bandeira de luta era prioritariamente a inserção igualitária no mercado de trabalho. Segundo essas organizações que denunciavam o "preconceito racial", a falta de boas maneiras, a precariedade da educação formal e de união entre os negros contribuíam para a falta de melhor qualificação e inserção profissional de afro-brasileiros, relata.

O estudo de Guimarães aponta que, a partir dos anos 70, as organizações começam a utilizar o conceito "discriminação racial", compreendendo que as desigualdades de tratamento e a diferenciação na oferta de oportunidades que favoreciam a pobreza de negros eram de responsabilidade do racismo. Sendo assim, os responsáveis por tal situação não eram os(as) negros(as) e sim o próprio governo e a sociedade civil. Nessa perspectiva, a falta de poder dos(as) negros(as) "mais educados" e a condição de inferioridade salarial seriam em decorrência do racismo abrigado sobre o manto do mito da democracia racial. O autor informa que, a partir de 1988, ano do centenário da abolição da escravatura e de promulgação da *Constituição Federa*l, as organizações do Movimento Social Negro intensificaram as ações em prol da defesa dos direitos civis da população afro-brasileira, ainda mais que estavam contidos na nova *Carta Magna* que determinou "preconceito de cor ou de raça" como crimes inafiançáveis. O tempo demonstra que as ações para coibir os crimes de racismo não bastavam e eram necessárias políticas de "ações afirmativas", capitaneadas pelo Governo Federal a partir da compreensão de que as desigualdades sociais do País deveriam ser vistas como raciais e, portanto, deveriam ir além do combate à discriminação e ao preconceito.

As pesquisas de Guimarães tangenciam mais diretamente com este momento da nossa escrita, quando ele analisa brevemente a decadência da educação superior no Brasil a partir do Golpe Militar de 1964. Para ele, houve a partir desse período uma paralisação da rede de ensino público universitário, paralelamente à expansão do ensino privado em todos os níveis de educação. Relata o autor que o ensino público superior se ampliou apenas pelo surgimento de universidades estaduais ou municipais, contudo em número inferior ao necessário para absorver os alunos que necessitavam de educação pública. Quanto mais aumentava a disputa pela qualidade da educação nas escolas privadas, pois demandava muito investimento financeiro, mais se tornava difícil para os extratos mais pobres da população terem acesso a essas universidades, bem como às universidades públicas, aponta Guimarães. Sendo assim, em meados dos anos 70, alguns setores da sociedade, particularmente a classe média negra, sentiram os efeitos dessa política não inclusiva para a educação superior.

Daí, segundo Guimarães, surge a busca de jovens negros por universidades privadas não bem conceituadas na sociedade, cujo diploma não era devidamente valorizado, comprometendo assim a sua inserção no mercado de trabalho. Aliada a essa situação, as provas para o vestibular ocorriam em um contexto desigual em que negros(as) não tinham, na maioria das vezes, condições financeiras para ingressarem em um curso preparatório de melhor qualidade ou, ainda, em cursos de Ensino Médio considerados qualificados e, portanto, de maior custo. Sendo assim, as disparidades do sistema educacional para a inclusão na educação superior tornavam-se evidentes. É nesse momento que, diferentemente dos anos 60, em que a classe média, em nome do socialismo, empunhava a bandeira de luta defendendo a aliança entre as classes, na década de 70, os jovens que se definiam como "negros" e se apresentavam como representantes do grande número de pobres, pretos e mestiços, de descendentes de escravos africanos, trazidos para o País durante mais de três séculos, defendiam relações igualitárias. Na compreensão de Guimarães, essa juventude estudantil negra iniciou o ideal de luta socialista expresso por Florestan Fernandes: "O negro seria o mais oprimido e explorado de todos e a sua luta a mais radical das lutas de emancipação".

Segundo Guimarães, a partir de 1996, o presidente Fernando Henrique Cardoso começa a se dedicar à problemática das "ações afirmativas" propostas pelas organizações do Movimento Social Negro brasileiro, não só pela pressão deste e pela formação pessoal do presidente sociólogo, mas também pelas relações diplomáticas que apontavam sistematicamente as "desigualdades raciais" presentes na sociedade brasileira. Sendo assim, o debate sobre "ações afirmativas" traduzia a necessidade de o governo trazer para si o debate político sobre o tema. Ainda assim, o Ministério da Educação relutou em aceitar o racismo como componente das desigualdades educacionais, aludindo a situação ao mal funcionamento do Ensino Fundamental público e às questões de renda e classe social. Para sanar o problema, o Ministério da Educação, no governo Fernando Henrique Cardoso, implementou a política de universalização do ensino de nível Fundamental e Médio e a melhoria das suas condições de funcionamento, visando a que as próximas gerações fossem beneficiadas. Consta no trabalho que estamos estudando que a partir da Conferência de Durban, a qual já citamos, o presidente assumiu internacionalmente, em um evento de tal monta, as desigualdades raciais do País e se comprometeu a alterar tal situação por meio de políticas de "ações afirmativas".

Na oportunidade, Fernando Henrique Cardoso determinou ainda que a chancelaria não mais utilizasse o conceito de "democracia racial". O autor nos informa que a primeira tentativa das organizações negras de facilitar a entrada de negros na universidade brasileira foi pela criação de cursos preparatórios para o vestibular. Avalia-se que hoje existam cerca de 800 cursos espalhados pelo Brasil, organizados na maioria das vezes por militantes e simpatizantes e contando com trabalhos voluntários em que jovens negros(as) de periferia têm acesso gratuito ou pagam mensalidades irrisórias. Tais núcleos costumam instalar-se em espaços cedidos por instituições religiosas ou comunitárias. Um outro movimento em prol da inclusão de negros(as) na universidade tem sido a implementação de cotas em algumas universidades estaduais, como é o caso do Rio de Janeiro, Bahia, Brasília e Paraná (GUIMARÃES, 2003).

Outra contribuição teórica para nos orientar numa reflexão sobre a fala das educadoras foi encontrada no trabalho do professor e pesquisador Kabengele Munanga (2003). O autor apresenta alguns dados do Instituto Brasileiro de Geografia e Estatística (IBGE), e do Instituto de Pesquisa Econômica e Aplicada (IPEA), para criar argumentos em defesa de cotas para negros(as) na universidade. Do total dos universitários brasileiros, 97% são brancos, sobre 2% de negros e 1% de descendentes de orientais. Dos 22 milhões de brasileiros que vivem abaixo da linha da pobreza, 70% são negros e dos 53 milhões de brasileiros que vivem na pobreza, 63% são negros. Kabengele afirma que no Brasil os preconceitos e a discriminação racial não acabaram e que alunos brancos pobres e negros pobres ainda não são iguais na medida em que os primeiros são discriminados pela condição socioeconômica e os segundos são discriminados duplamente, pela condição racial e pela econômica. O professor vai além e diz que as políticas universais para a educação propostas pelo ministro do governo Fernando Henrique Cardoso, e que já mencionamos acima, não conseguiriam alcançar mudanças substanciais para a população negra. Ao defender as cotas, Kabengele diz que é a forma de reparar minimamente os efeitos de uma sociedade em que os comportamentos racistas disseminados na estrutura societária e na cultura fogem do controle social. Argumenta ainda o professor que as cotas para negros(as) na universidade seria uma forma de inseri-los(as) nos espaços reservados majoritariamente à "casta branca" da sociedade. Para ele, no Brasil, que desde a abolição da escravidão não assumiu seu racismo, as dificuldades são muitas para que se tenha consenso em torno das "ações afirmativas". No que se refere ao argumento da meritocracia para a aprovação no vestibular, ele diz:

> A competitividade dos vestibulares continuará a ser respeitada como sempre. A única diferença está no fato de que os candidatos aspirantes ao benefício da cota identificar-se-ão como negro ou afrodescendente no ato da inscrição. Suas provas serão corrigidas, e classificadas separadamente, sendo que os que obtiverem notas de aprovação, ocuparão as vagas previstas de acordo com as cotas estabelecidas. Dessa forma, serão respeitados os méritos e garantida a excelência no seio de um universo específico. (2003, p. 128).

Assim como em outros espaços, em um dos nossos grupos focais, foi instaurada uma polêmica sobre o tema, em que as educadoras argumentaram sobre a possibilidade de que cotas na universidade poderiam ser consideradas um paliativo em forma de gratidão e outras a considerarem uma medida de reparação aos prejuízos causados pela nação à comunidade afro-brasileira. Essa estratégia de inclusão adotada no cenário brasileiro por alguns Estados está sendo considerada polêmica. No nosso caso, o assunto surgiu quando uma das educadoras se manifestou contrária às cotas para negros(as) na universidade, justificando que, ao invés dessa política, o que deveria ser feito era um investimento em educação de qualidade.

Ao expressar os mecanismos para a entrada e permanência de alunos(as) negros(as), Munanga comunga com uma fala das professoras da Rede Municipal de Belo Horizonte. A argumentação deste pesquisador, que é africano, e da professora se coloca no campo de outros que refutam a hipótese de uma entrada desqualificada de negros(as) na universidade e expressam a necessidade de reparação dos prejuízos causados à população afro-brasileira em decorrência do racismo na sociedade. Em relação ao debate entre as duas educadoras, a que se opunha inicialmente acaba aceitando os argumentos da colega e se manifesta:

> Eu acho que, ao invés de ter que chegarmos a esse ponto, teria sido muito mais digno pagar esta dívida de forma decente, educação desde o Fundamental. Como se diz, eu aceito, por isso, entendeu? Porque eu vejo que tem que haver uma reforma, tem que haver uma mudança e essa mudança tem que ser feita drástica. (Grupo 2).

Inicialmente a fala dela era no sentido contrário às cotas, pelo argumento usado de benesses ou caridade do governo para com a população afro-brasileira. Interessante que essa posição é da mesma educadora que foi cobrada de maneira abrupta por parte do diretor da universidade privada que mencionamos anteriormente. Queremos dizer com isso que não há consenso de fato entre os(as) negros(as) sobre este instrumento de inclusão no curso superior e os argumentos utilizados são os mesmos que encontramos no debate entre as duas educadoras do nosso grupo focal. As educadoras que fizeram a defesa expressaram as suas avaliações no sentido de que se trata de uma dívida e um direito, não uma esmola. Segundo elas, a pessoa tem que provar a sua competência para estar lá dentro, tem que estudar para passar no vestibular e, mesmo durante o curso, ele vai ser avaliado como qualquer outro. Para elas, a educação só não basta, é necessário também a distribuição de renda pela aceitação de negro(s) em empresas e diz: "Quantos negros aí com Segundo Grau não conseguem trabalho, né". Elas dizem ainda que não é possível esperar pela forma tradicional de ingresso na universidade em função da situação das desvantagens sociais e educacionais para o(a) negro: "Pois é, se a gente fosse esperar pra quantidade negra maciçamente proporcional ao número de negros no Brasil entre normalmente na Universidade, aí vai levar quinhentos, seiscentos anos. Então, nós temos que fazer algo agora, né?" (Grupo 2).

O papel da psicologia

No primeiro grupo focal, uma das educadoras, que também é psicóloga, revela a incapacidade da psicologia em dar conta de trabalhar as relações raciais no Brasil. O primeiro trabalho ao qual nos referenciamos para tratar dessa categoria é o artigo de Sandra Azerêdo (2002), uma publicação da *Revista Psicologia: Ciência e Profissão*, que promoveu um concurso cujas monografias dissertaram sobre o tema "Pluralidade Étnica: um desafio à Psicologia Brasileira". Azerêdo, em seu artigo intitulado "O Político, o Público e a Alteridade como Desafio para a Psicologia", relata experiências cotidianas sobre negros(as) que não querem ser negros(as) ou têm dificuldade em assumir o seu pertencimento racial. Em seguida, analisa as formas de racismo e machismo incrustadas nas relações sociais no Brasil, incluindo a classificação do cabelo de negros(as) como indicador de beleza, principalmente para a mulher, sendo que o cabelo crespo não se encaixa como belo, assim como já assinalamos na categoria cabelo e racismo. A autora considera que o mito da democracia racial constitui também um entrave para que a psicologia se debruce sobre as "determinações histórica e política da constituição do ser humano, continuando a tratar a maneira individualista das ações humanas". Para ela, esse enfoque individualista tem *interface* com as relações societárias no Brasil, que são desiguais, e a psicologia, agindo assim, corrobora para a permanência dessas desigualdades.

Azerêdo considera que a formação dos psicólogos é falha, pois não alcança "a dimensão política do que constitui o objeto principal da psicologia, que é a construção do sujeito humano com uma identidade sexual, étnica/racial e de classe" (2002, p. 16). A psicóloga destaca, no entanto, algumas iniciativas que tentam trabalhar no aspecto da diversidade em busca de soluções coletivas para resolver o problema da desigualdade, como a criação da Associação Brasileira de Psicologia Social (ABRAPSO), que tem como objetivo trabalhar o contexto histórico das relações, diferentemente da Psicologia Social americana, que privilegiava o estudo de pequenos grupos descontextualizados do histórico. A autora destaca ainda ações no sentido de assumir posições que se referem à aceitação das diferenças, que é o caso do Conselho Federal de Psicologia. Azerêdo afirma que o grande desafio da psicologia é, para além da pluralidade étnica, possibilitar a ação política com vistas à transformação do sujeito e do mundo, ou seja, a introdução do político na formação do psicólogo. Trabalhar a dimensão política seria a relação com a pluralidade, a diversidade e as relações de poder para que se incorpore e acolha a diferença a partir da passagem entre o afeto e a representação.

Outro artigo ao qual nos referimos para aproximação da nossa pesquisa no campo da psicologia é o de Leôncio Camino, Patrícia da Silva, Aline Machado e Cícero Pereira, publicado na *Revista Psicologia Política* (2001), cujo título é "A Face oculta do Racismo no Brasil: Uma análise Psicossociológica". O artigo refere-se a um estudo realizado na Paraíba, em entrevistas com 120 universitários sobre racismo no Brasil. A conclusão a que se chegou é a de que todos reconhecem que o País é racista, mas não se colocam nessa condição e que utilizavam mais adjetivos do Terceiro Mundo e não do Primeiro ao se referirem a pessoas negras. Os pesquisadores utilizaram o trabalho analisando as contradições na perspectiva psicossociológica e o conceito de "formação reativa" para indicar que "tanto os mecanismos psicológicos de inibição das atitudes negativas como as mudanças nas formas de se representar as diferenças de cor destinam-se a justificar práticas sociais que continuam a manter a discriminação racial" (2001, p. 20).

Em uma construção teórica que se aproxima da que descrevemos a partir dos estudos de Michael Hardt (2000), os autores consideram que existe nas sociedades uma nova forma de preconceito racial. Para eles, não é possível a construção de uma medida única para avalizar as situações de preconceito, pois elas podem diferenciar-se de acordo com o contexto vivido. Acreditam eles que o problema fundamental das abordagens está na relação entre o psicológico e o social, sendo que as pessoas preconceituosas entrariam em conflito íntimo, ainda que inconscientes, a partir das suas atitudes e as normas sociais contra preconceitos. Para eles, tal conflito levaria esses preconceituosos a criarem estratégias para manifestarem o preconceito de maneira sutil ou camuflada. O artigo aponta ainda que devemos compreender que o racismo atual está no contexto das novas formas dos processos de exclusão social, que é o contexto da globalização, "que deve ser entendido como um conjunto de processos que se estrutura em níveis diferentes (cultural, econômico, social, etc.) e independentes entre si, embora fortemente relacionados" (2001, p. 24).

Segundo os autores, a globalização cultural, ao intensificar as relações culturais e étnicas, produz relativa ambigüidade à medida que aumenta o respeito às diversidades e aos valores culturais, mas também ocorrem pressões para a manutenção desses mesmos valores nas diversas regiões do mundo. Os pesquisadores citam movimentos nacionalistas na Europa e em outras regiões e o fundamentalismo dos fanatismos religiosos que, segundo eles, caracterizam a globalização trazendo, como conseqüências, situações de fanatismo e de discriminação contra etnias e grupos minoritários.

Ao contextualizarem o preconceito racial no Brasil, os autores tentam mostrar como se processam as normas anti-racistas e as formas de justificar as discriminações que ocorrem. Tangenciando os estudos de Azerêdo (2002), os pesquisadores afirmam que a psicologia estuda o racismo como uma atitude e que com esse tipo de atitude, se atuasse de maneira isolada, sem o contexto histórico, cultural e econômico, as conseqüências não chegariam às proporções alcançadas. Para tanto, faz-se necessário analisar o preconceito e os comportamentos racistas contextualizando o racismo no Brasil. Ao criticar o mito da democracia racial, os autores afirmam que o racismo no Brasil "não tem nada de cordial; muito pelo contrário, por ser mascarado, ele é não apenas terrivelmente eficiente em sua função de discriminar as pessoas de cor negra, mas é também, lamentavelmente, muito difícil de erradicar" (2001, p.30).

Entre as conclusões a que chegaram, por meio dessa pesquisa, está a de que no Brasil a maciça miscigenação racial e a extrema discriminação vividas pelas pessoas negras levam a processos de acomodação muito intensos, ao mesmo tempo que se criam estratégias para camuflarem as manifestações racistas com as novas formas de categorização, ao substituir o conceito de raça pelo de modernismo, a cor branca associada a valores de Primeiro Mundo e as pessoas negras ao de Terceiro Mundo. Na perspectiva dos autores, essas novas categorizações não se opõem às normas anti-racistas, facilitando assim a perpetuação dos processos de exclusão, contribuindo para a discriminação racial existente desde a escravatura.

José Tiago dos Reis Filho (2000) também contribui nesse campo com uma pesquisa de mestrado na qual investiga o processo psíquico de negras e negros pobres no Brasil como possibilidade de melhor se compreender os aspectos psíquicos da questão racial no País e, conseqüentemente, qualificar o atendimento psicológico. Reis Filho, psicólogo negro, parte da sua condição étnica para verificar que, durante o curso acadêmico, não se preocupou com a questão da raça na compreensão das experiências de seus clientes. Em sua pesquisa, o psicólogo entrevistou pessoas que se autoclassificaram como negras. O autor concluiu que existe a negação do problema por parte da sociedade e tal negação tem levado as pessoas a dissociarem racismo e pobreza e insistirem que a questão é social, que as pessoas são discriminadas porque são pobres, como já analisamos acima.

As educadoras argumentaram que manifestações racistas podem trazer conseqüências negativas para as pessoas ao longo de toda a sua vida e somente agora ocorre um movimento de alguns psicólogos para o estudo das relações étnico-raciais nesse campo, ainda que incipiente, a partir da percepção de que as relações raciais no Brasil têm uma enorme contribuição para se pensar as questões sociais.

> Então, assim, às vezes, a pessoa tem êne experiências, e essas experiências têm uma... peso emocional, então, às vezes, aquilo marca a pessoa pelo resto da vida... e vai determinar a forma

> dela ser, a forma dela agir. E isso não é falado. Ah! Não tem esse olhar do negro enquanto pessoa. E assim, às vezes, a própria psicologia também não dá muito conta disso. Não está preparada pra isso. Então, é uma coisa que tá surgindo. Tão se falando mais agora. E você encontra muita resistência pra isso tá... pra tá sendo aceito, né? Mas é por causa disso mesmo, porque tá repercutindo na nossa cultura. (Grupo 1).

Para nós, é crucial constatarmos que existem leituras, pesquisas e posicionamentos no campo da psicologia e psicanálise, fazendo crítica ao mito da democracia racial e apontando a concretude das relações racistas que permeiam a sociedade brasileira. É exatamente pela existência desses estudos que podemos realizar a nossa pesquisa neste momento. Consideramos pertinente contribuir para a desconstrução do mito da democracia e evidenciar as mazelas pelas quais passa a população afro-brasileira em função das desigualdades sociais oriundas do racismo. O fato de a educação estar buscando a psicologia como colaboradora das nossas análises se tem revelado, cada vez mais, enriquecedor.

Bento (2002), nos instiga a uma reflexão pouco usual, que são os estudos sobre branquitude e[12] branqueamento no Brasil Para a autora, também psicóloga, quando se pesquisa sobre branqueamento, verifica-se que foi um processo engendrado e mantido pela elite branca brasileira, que insiste em afirmar que o negro é que tenta identificar-se como branco. E, para essa elite, nesse processo de busca de identificação com o branco, o negro dilui suas características. Para a psicóloga, existe um pacto entre os brancos ao não se reconhecerem como parte fundamental para a manutenção das desigualdades raciais na sociedade brasileira. Segundo Bento, que é ainda diretora do Centro de Estudos das Relações de Trabalho e Desigualdades (CEERT), evita-se focalizar o branco com o intuito de não se discutir as diferentes dimensões de seu privilégio. Tal silenciamento, ou omissão, ocorre até mesmo entre pessoas envolvidas com políticas públicas prioritariamente para pobres. Para a autora, traduz o desinteresse em tentar contribuir com políticas que possam minorar a situação de desvantagens para esse segmento populacional, protegendo, assim, os benefícios sociais mantido para brancos.

6. A presença de negros(as) na publicidade e na mídia no Brasil

> "Estão redefinidos os sentidos tanto da cultura quanto da política, e do qual a problemática da comunicação não participa apenas a título temático e quantitativo – os enormes interesses econômicos que movem as empresas de comunicação – mas também qualitativo: na redefinição da cultura, é fundamental a compreensão de sua natureza comunicativa. Isto é, seu caráter de processo produtor de significações e não de mera circulação de informações, no qual o receptor, portanto, não é um simples decodificador daquilo que o emissor depositou na mensagem, mas também um produtor."
>
> *Jesus Martin-Barbero*

É comum usarmos o conceito de publicidade como se fosse propaganda e vice-versa. Neuza Gomes (2001) esclarece que publicidade é "a atividade mediante a qual bens de consumo e serviços que estão à venda se dão a conhecer, tentando convencer o público da vantagem de adquiri-los" (GOMES, 2001, p. 14). Já a propaganda refere-se "ao processo de disseminação de idéias [...] com a finalidade de promover no grupo ao qual se dirige os objetivos do emissor [...] é o controle do fluxo de informação, direção da opinião pública e manipulação, não necessariamente negativa [...] de modelos de conduta" (2001, p. 117).

Sendo assim, a publicidade refere-se a uma atividade comercial de venda de produtos, enquanto a propaganda se dirige à circulação de conteúdos ideológicos. Para a nossa pesquisa, nós nos orientamos pelo conceito de publicidade tal como formulado por Gomes, à medida que nos propusemos a pesquisar produtos de cunho comercial, passíveis de serem adquiridos pela população brasileira, inclusive a afro-brasileira, que é o objeto central da nossa investigação.

A publicidade possui um conteúdo simbólico de extrema importância nos dias atuais, por estar plenamente inserida nos espaços urbanos. São panfletos, anúncios em rádio, televisão, *outdoors*, bares, jornais, revistas, enfim, em todos os espaços públicos e até mesmo privados, encontramos mensagens do sistema publicitário com as mais variadas propostas que nos indicam possibilidades de uma vida melhor. Douglas Kellner (2001) diz que a publicidade busca na sociedade características socialmente desejáveis e as tematiza. Ao fazê-lo, ajuda a revelá-las e a fomentá-las.

Esclarece ainda que a publicidade, assim como outras imagens da cultura da mídia, "[...] são multidimensionais, polissêmicas e ideologicamente codificadas, abertas a várias leituras, capazes de expressar a mercadorização da cultura e as tentativas do capital de colonizar a totalidade da vida, desde o desejo até a sua satisfação" (KELLNER, 2001, p. 23).

Jorge S. Martins (1997), ao falar sobre a evolução da linguagem publicitária, afirma que a sociedade brasileira do final do século XIX tinha uma mercadoria valiosa que aparecia com freqüência nos reclames: o negro escravo. Segundo o autor, o comércio e a captura desta mercadoria eram negócios de interesse social da época. Os anúncios que circulavam eram: "Fugio um escravo de nome Adão, de idade de 40 anos mais ou menos... quem o prender e entregar a seu senhor... receberá a gratificação de seu trabalho..."; "Vende-se um creoulo de 22 anos sem vício e muito fiel: bom e asseado cozinheiro, copeiro, bolieiro... Para tratar: a ladeira de s. Francisco n. 4." (MARTINS,1997, p. 23). Usavam uma linguagem simples, direta, sem artifícios de convencimento.

O autor registra que, no final do século, os jornais já apresentam páginas inteiras de reclames, como os classificados de hoje. Iniciaram-se os usos de tapumes para se exibir marcas de produtos e marcas, serviços, remédios, etc. Foram eles que deram origem aos *outdoors*. Consta que a primeira agência de propaganda foi fundada em 1891 com o nome de Empresa de Publicidade e Comércio, que tinha como objetivo corrigir anúncios para periódicos da época. Durante os anos 20, do século XX, muitos "departamentos de propaganda" foram criados em empresas grandes, como a Mesbla, a GE, a GM, e em vários

Laboratórios, com o propósito de anunciar os produtos dos mesmos. Várias agências estrangeiras também foram abertas no Brasil, como a J. Walter Thompson. Esta agência criou uma das publicidades analisadas pelas educadoras negras. Essa agência contribuiu também com um forte núcleo de formação de profissionais publicitários. Os Cartazes dos anos 30 e 40 figuravam nos bondes, cafés, teatros e estações, chamando a atenção do público pela criatividade e pelas cores fortes.

Para Martins, a rápida evolução do trabalho publicitário advém da exigência da modernidade e do requinte na apuração do público consumidor. Sendo assim, os anúncios progrediram com a arte e a linguagem da imprensa e da comunicação de massa, tornando-se "peças artísticas e técnicas sofisticadas". Ao longo do tempo, a publicidade passou a utilizar mais técnica, tornando-se hoje mais apurada nas construções de frases e na utilização de recursos semióticos que propiciam mais reflexão nos leitores, por meio do jogo de palavras, polissemia e neologismos. Prevalece a criatividade, a inovação no texto e nas ilustrações, tendo como aparato as tecnologias modernas. O autor considera que o discurso publicitário envolve as telenovelas, ilustrações, *jingles*, *spots*, *outdoors*, filmes, etc.

De acordo com Martins, o texto escrito ou falado, como enunciado de um todo significativo, é a maneira de expressão verbal mais comumente denominada "discurso" e caracteriza-se por uma rede de conexões lingüísticas que o compõem, expressando um conteúdo. Texto, ainda segundo Martins, não é a somatória de frases, mas uma construção que mostra a ligação entre a linguagem e a idéia que se pretende expressar. A possibilidade de ele comunicar suas informações ou as intenções do autor ocorre de acordo como ele usará os recursos, que podem ser argumentativos, racionais ou emocionais, recursos retóricos estilísticos ou estéticos. Tais recursos têm como objetivo dar força aos conceitos anunciados no texto, que utiliza uma linguagem para persuadir os receptores.

Luiz Carlos Iasbeck (2003) afirma que o texto é tudo aquilo que pode ser lido: um cenário, a composição do vestuário, os modos de reagir de uma pessoa ou de um grupo, uma obra de arte, um texto verbal escrito. O reconhecimento do discurso se dá por intermédio dos seus textos, a partir do conjunto das interpretações das leituras que eles permitem. O autor atesta que administrar o discurso publicitário é levar em consideração a complexidade dos elementos que o constituem e, mais que isso, promover as diferenças existentes no mesmo. Essa promoção tem como propósito levar o leitor a construir novos textos, multiplicando as metáforas, alargando sentidos e tornando a mensagem mais consistente e completa. O objetivo é saber criar, aproximar ou afastar textos diversos de um texto mais amplo que possa aproximar as intenções do anunciante e as necessidades do público.

Para atingir tal objetivo, é necessário que se conheça o máximo da realidade que gera reação no ambiente em que se pretende administrar ou divulgar a publicidade. Trata-se assim de exercitar a formação de novas relações que exponham as diferenças que envolvem algum motivo "central ou periférico", instigando o leitor a decifrar a mensagem, afirma Iasbeck. O autor esclarece que, se tais condições não são levadas em conta na produção do discurso, possivelmente as intenções de persuadir o emissor poderão ter alterações indesejáveis, não alcançando seus propósitos ou atingindo lugares não desejados. Pode-se dizer que o público é co-autor do discurso, à medida que a "imagem" é construída com colaboração maciça do receptor. Iasbeck afirma que o público pode inferir metáforas, elaborar ambigüidades, alterar a direção dos mecanismos do discurso persuasivo, selecionar, aceitando ou expurgando textos que melhor se aproximem ou não dos seus desejos e necessidades. "Nesse ambiente, dificilmente um texto será recebido tal como emitido. A imagem resulta, portanto, de uma reelaboração de um trabalho do sentido no domínio da recepção." (2003, p. 28).

Uma outra contribuição que consideramos relevante para a nossa pesquisa é o artigo de Guita Grin Debert (2003), em que trata das imagens de mulheres e homens velhos na publicidade. Ao realizar entrevistas com os criadores da publicidade, ativistas da questão da velhice e uma dinâmica com um grupo da terceira idade, a pesquisadora faz o recorte do que ocorria nos anos 90 do século XX. O trabalho visou observar as transformações ocorridas ao se considerar que os indivíduos, mesmo envelhecendo, podem adotar formas de consumo e estilos de vida adequados para evitar uma velhice depreciada. Debert mostra que, até os anos 70, a forma pela qual os idosos eram retratados eram no sentido de reforçar estereótipos da dependência física e afetiva, da insegurança e do isolamento. Acrescentava-se ainda o perfil desse segmento populacional com o de indivíduos teimosos e impertinentes, facilmente associados a situações cômicas. A partir dos anos 80, segundo a autora, iniciaram-se as transformações, com o(a) velho(a) sendo representado de maneira mais positiva, podendo ser retratado como alguém que goza de prestígio social, poder e perspicácia. A autora nos informa que a televisão é considerada pelo meio publicitário como a maior mídia no País e para ela é destinada 70% da verba publicitária. A riqueza desse artigo é nos fazer pensar também que assim como se tem alterado a representação do(a) idoso(a) na publicidade, a do negro também passa por um processo de transformação.

Neste capítulo vamos estudar as seguintes categorias:

a) a influência da mídia;

b) a influência do receptor;

c) o poder da televisão;

d) o negro(a) na publicidade;

e) o negro(a) no mercado consumidor;

f) o negro(a) na telenovela;

g) a ótica das educadoras negras sobre a presença de negros(as) na publicidade televisiva; e

h) as peças publicitárias analisadas pelas educadoras.

A influência da mídia

Pensadores contemporâneos como Jesús Martín-Barbero (1985) compreendem os meios de comunicação inseridos em um contexto em que as relações de poder são colocadas em cada formação social, como produtos de conflitos concretos, batalhas articuladas no campo econômico e no simbólico. E é nesse contexto, segundo ele, que ocorrem as interpelações às quais os sujeitos e as identidades coletivas se constituem. Temos hoje a idéia de que a mídia não é indiferente às manifestações culturais do(a) negro(a); portanto, publicidade que tenha a presença desse segmento populacional pode ter como propósito valorizar ou demonstrar algum aspecto da sua identidade que esteja em evidência. O nosso olhar para a mídia não é mais como depositária de um saber, de informações e de um determinado viés sobre uma cultura ou um determinado tema, e sim como capaz de revelar o que está em jogo nas políticas culturais, nas manifestações de grupos considerados minoritários na sociedade brasileira. No entanto, a maioria das educadoras negras presentes nos grupos focais manifestou um olhar pessimista em relação ao papel da mídia. Olhar este semelhante ao que a pesquisadora tinha sem as leituras e reflexões atuais de autores contemporâneos e de observações empíricas. Ao indagarmos ao primeiro grupo focal sobre a relação da educação com a mídia, ouvimos a seguinte fala:

> "Eu acho que... a mídia influencia bastante na escola, no trabalho da gente como professor. É muito difícil você competir... com quem tem um recurso visual, recurso de tempo muito maior do que tem a escola. Porque na escola você vai levantar reflexões sobre aquilo com o aluno, tá mostrando pra ele outras questões que a televisão não passa e, às vezes, esse diálogo torna-se muito difícil porque a ideologia tá lá. O que ela escolhe, o que ela reforça... que ela tá ali também com um certo objetivo que não tem nada de educativo. Tá mais ligada ali à venda... às demandas do capitalismo... é outra escolha que a televisão faz. E que aquilo ali, às vezes, o nosso aluno não tem o poder de reflexão e, às vezes nem a gente, né? E também pouca opção de escolha [...] porque tá muito ruim a produção de jornal, televisão.. Tá muito ruim, e assim é... e aí torna difícil esse trabalho na sala de aula." (Grupo 1).

Os argumentos utilizados nessa fala estão presentes na teoria de Muniz Sodré (2000). Para o autor, a publicidade e o comércio são os principais interesses da mídia e, no caso do negro, quando empregam esse segmento populacional, nas redações e estações de televisão, é em um sentido estratégico. O importante é que não tenham visibilidade pública, à medida que, segundo ele, há uma negação da sua capacidade intelectual e do seu valor estético. O autor intenta apresentar a mídia e o mercado como banalizadores da problemática que envolve as relações raciais no Brasil, argumentando que o racismo na mídia é mantido na seguinte ordem: negação, recalcamento, estigmatização e indiferença profissional.

A negação

Para o autor, do mesmo modo como as elites de hoje rejeitam o racismo doutrinário ou evitam a pecha de "sujeitos da discriminação", a mídia tende a negar a existência do racismo, a não ser quando este aparece como objeto noticioso, devido à violação flagrante desse ou daquele dispositivo anti-racista ou a episódicos conflitos raciais. De uma maneira geral, porém, as elites logotécnicas tendem a considerar "anacrônica" a questão racial, deixando de perceber as suas formas mutantes e assim contribuindo para a reprodução do fenômeno em bases extensas.

O recalcamento

Para Sodré, tanto no jornalismo como na indústria cultural, em seus diferentes modos de produção, costuma-se recalcar aspectos identitários positivos das manifestações simbólicas de origem negra. Assim é que, quando se fala de vitalismo cultural da música popular brasileira, não se acentua suficientemente a sua proveniência nem o papel tático que tem desempenhado nas relações inter-raciais. O mesmo acontece quando se trata de vultos importantes da História, das artes, da literatura. É freqüente encontrarem-se profissionais competentes da mídia completamente ignorantes no que diz respeito à História do negro no Brasil ou nas Américas.

A estigmatização

Goffman (1982) distingue identidade social virtual (aquela que se atribui ao outro) de identidade social real (conferida por traços efetivamente existentes). Segundo Sodré, na passagem do potencial/virtual ao real/atual, surge o estigma, a marca da desqualificação da diferença, ponto de partida para todo tipo de discriminação, consciente ou não, do outro. Num país de dominação branca, a pele escura tende a tornar-se um estigma. Para o autor, "qualquer tipo de diferença (por exemplo, traços faciais distintos, como entre o hutus e os tutsis em Ruanda) pode ser estigmatizado e suscitar juízos de inferioridade sobre o outro" (2000, p. 246).

A indiferença profissional

Conforme o autor, a mídia organiza-se empresarialmente, com motivações de lucro e poder semelhantes às de outras iniciativas industriais. Diferentemente da imprensa tradicional, que podia bater-se por causas públicas ou políticas, a mídia contemporânea pauta-se pelos ditames do comércio e da publicidade, pouco interessados em questões como a da discriminação do negro ou de minorias. Os profissionais mediáticos acabam não se sensibilizando com problemas dessa ordem. Por outro lado, é reduzida a presença de negros nas fileiras profissionais da mídia brasileira. Quando indivíduos de pele escura conseguem empregar-se em redações de jornais ou em estações de televisão, mesmo que possam eventualmente ocupar uma função importante, são destinados a tarefas ditas "de cozinha, isto é, aquelas que se desempenham nos bastidores do serviço, longe da visibilidade pública" (2000, p. 248).

Pensamos que, na disputa ideológica travada na atualidade, os(as) negros(as) vêm alcançando visibilidade e destaque nos meios de comunicação. É o que pudemos observar durante o ano de 2004, ao prestar atenção em possíveis peças publicitárias que pudéssemos analisar, bem como nas veiculações midiáticas de maneira geral. Notamos o significativo aumento da presença de negros(as) em *outdoors,* telenovelas, comerciais e publicidades.

A influência do receptor

Stuart Hall (2003), em estudos sobre a teoria da recepção, problematiza os conceitos sobre codificação e decodificação. Para o autor, é sobre a forma discursiva que os produtos estão em circulação e são distribuídos para as diversas audiências. Sendo assim, eles deverão ser traduzidos em práticas sociais de maneira que criem condições para surtirem efeitos. Nessa medida, os eventos históricos devem ter significado para os receptores das mensagens. Os assuntos, tratamentos, agendas, eventos buscados pelas diversas mídias, na maioria das vezes, são os mesmos, pois eles é que são passíveis de maior audiência. Hall diz que produção e recepção da mensagem televisiva não são a mesma coisa; no entanto, estão plenamente relacionadas, porque a recepção faz parte do processo de produção, pois a recepção é que permite a "concretização" da mensagem. Segundo o autor, a decodificação da mensagem passa pelas estruturas das práticas sociais, interferindo, então, na forma como os receptores as recebem. Os significados expressos nos discursos vão ser transpostos para a prática ou consciência do receptor, adquirindo valor de uso social ou efetividade política.

Hall afirma que, sendo assim, a codificação das mensagens não determina ou garante diretamente quais os códigos de decodificação serão utilizados. Caso fosse assim, o processo de comunicação seria linear e transparente, sem considerar as várias articulações que a envolvem. Hall nos apresenta três posições hipotéticas, a partir das quais a decodificação de um discurso televisivo pode ser construída. A primeira posição é a hegemônica-dominante, na qual o telespectador se apropria do sentido conotativo de um telejornal ou um determinado programa de forma integral e decodifica a mensagem plena de maneira que ela foi codificada. Nesse processo, o código profissional opera dentro da "hegemonia" do código dominante, ou seja, reproduz as definições dominantes, destacando questões aparentemente técnicas e neutras, como as da qualidade visual, dos valores, da notícia, da apresentação e da qualidade. A segunda posição é a do código negociado. Por ele, é certo que o telespectador compreende bem o que foi definido de maneira dominante e recebeu um significado de forma profissional. No entanto, o decodificador reconhece a legitimidade das definições hegemônicas para produzir os significados, ao mesmo tempo que faz as suas próprias regras e se reserva o direito de fazer uma aplicação mais negociada às "condições locais" e às suas próprias posições mais corporativas. Já na terceira posição, que é o código de oposição, o telespectador entende a inflexão conotativa bem como a literal, conferida a um discurso, mas decodifica a mensagem de uma maneira "globalmente" contrária. O receptor passa, então, a ressignificá-la para um referencial alternativo, assim como afirma Hall:

> Um dos momentos mais significativos (eles também coincidem com os momentos de crise dentro das próprias empresas de televisão, por razões óbvias) é aquele em que os acontecimentos que são normalmente significados e decodificados de maneira negociada começam a ter uma leitura contestatária. Aqui se trava a "política da significação" – a luta no discurso. (2003, p. 402).

Percebemos por meio de nossa pesquisa que existe uma mudança, ainda que incipiente, nos meios de comunicação em relação à representação do(a) negro(a). Este segmento populacional, além de estar mais representado, tem sido representado de maneira positiva. Percebemos a valorização das características do afro-brasileiro pelos criadores das mensagens. Nessa perspectiva concordamos com Barbero, que argumenta:

> "[...] nem toda forma de consumo é interiorização dos valores das outras classes. O consumo pode falar e fala nos setores populares de suas justas aspirações a uma vida mais digna. Nem toda busca de ascensão social é arrivismo; ela pode ser também uma forma de protesto e expressão de certos direitos elementares. Daí a grande necessidade de uma concepção não-reprodutivista nem culturalista do consumo, capaz de oferecer um marco para a investigação da comunicação/cultura a partir do popular, isto é, que nos permita uma compreensão dos diferentes modos de apropriação cultural, dos diferentes usos sociais da comunicação." (1985, p. 289).

Talvez uma fala das educadoras aponte para a necessidade de reflexão sobre as veiculações da mídia, sem que o telespectador seja passivo e acrítico. Considerou-se que é possível alternativas de trabalho com aluno(as), diferenciadas do que é visto nos meios de comunicação, como estratégia para a reconstrução de uma visão positiva, quando o pensamento da maioria é o de que determinadas veiculações podem não contribuír para a qualidade da educação e para a mudança de visão cultural:

> Às vezes, eu acho até que a escola embarca muito nisso; você vê a escola, às vezes, reproduzindo a mídia dentro da escola, ela traz muitas coisas da mídia pra dentro da escola, e sem uma

> reflexão, entendeu? É, é normal que você, é lógico que você pode pegar uma coisa boa dali, trabalhar e tal, mas você tem que ter uma reflexão sobre aquilo, né? Inclusive até é bom pras crianças, né? Então, assim, por exemplo, eu já vi muito trabalho com Xuxa, com isso dentro da escola, mas sem um pingo de reflexão; às vezes, até assim, os meninos já viram tanto isso na televisão. Por que não fazer diferente? Né? (Grupo1).

Para Kellner, muitas teorias pós-modernas privilegiam a cultura da mídia como o lugar de eclosão da identidade e de divisão do sujeito, mas foram poucos os estudos aprofundados sobre os textos da mídia e suas conseqüências, a partir dessas reflexões. O autor considera necessário distanciar-se de uma posição pós-moderna, associada a Baudrillard, de que a televisão é puro ruído no êxtase pós-moderno, pura implosão, vácuo por onde passam todas as mensagens, cujos significados se dissolvem, onde as imagens causam saturação ao telespectador, chegando a ponto de não ter significado para ele. Argumenta ainda que a televisão e outras formas da cultura da mídia desempenham papel fundamental na "reestruturação da identidade contemporânea e na conformação de pensamentos e comportamentos" (2001, p.304). De acordo com ele, é preferível analisar forma e conteúdo, imagem, narrativa e problemáticas ideológicas mais profundas que reflitam sobre a natureza polissêmica de imagens e textos e que acenem com a possibilidade de múltiplas codificações e decodificações.

Segundo o autor, é prematuro inferir que o aparato televisivo deixa sem sentido mensagens eventualmente veiculadas. A televisão integra os indivíduos numa ordem social, resolve contradições, idealiza valores e instituições contemporâneas, exaltando o modo de vida vigente. Para Kellner, a propaganda e os programas populares operam com o propósito de fornecer "modelos de identificação no mundo contemporâneo" (2003, p. 304).

O poder da televisão

Desejamos problematizar as argumentações de alguns autores que ainda vêem nos meios de comunicação uma corrente transmissora de conteúdos, por vezes, manipuladora e deturpadora, assim como ressalta Sodré sobre o meio de comunicação televisivo:

> O conceito de televisão não pode limitar-se às suas particularidades tecnológicas ou, eventualmente, estéticas. Televisão é um sistema informativo homólogo aos códigos da economia de mercado e acionado pelo desenvolvimento tecnológico. Os jornais, o rádio, a revista e outros meios de informação ou de entretenimento integram esse sistema com uma função de metacensura. Em outros termos, os diversos veículos tendem a justificar culturalmente os conteúdos passíveis de transmissão pela tevê propriamente dita. Jornais e revistas a aceitam (como implícita no processo civilizatório do Ocidente), costumando reivindicar apenas a elevação do nível dos conteúdos culturais transmitidos, ou seja, a melhoria da censura. (2001, p. 18).

Consideramos que, talvez, o autor privilegie por demais o poder da televisão, distanciando-se do pensamento de autores como Barbero (1985), Kellner (2001), que avaliam que os processos de comunicação devem ser pensados a partir da cultura e não reduzindo a problemática da mídia às tecnologias utilizadas para o exercício do poder ou de imposições hegemônicas. Melhor dizendo, a perspectiva contemporânea de formação de novos sujeitos – regionais, étnicos, religiosos, sexuais, geracionais – junto com as formas de resistências desses sujeitos têm feito os meios de comunicação pensarem os seus processos tendo como referência a cultura desses sujeitos que estão reivindicando e produzindo ações nos espaços coletivos. Entretanto, não podemos deixar de registrar o pensamento de Sodré sobre as mudanças de posição da mídia:

> Os consumidores virtualmente emergentes num espaço social onde cor e classe estão imbricados, mesmo sem uma efetiva representatividade política (ou seja, sem acesso ao jogo do poder decisório), podem enxergar nas mudanças de superfície um reposicionamento "ontológico" de sua presença no mundo. Auto-imagem, auto-estima são mobilizadores poderosos do ego – alvo prático da visão publicitária das coisas, sustentada pela ideologia do mercado perfeito e sujeito ao equilíbrio "natural". (2000, p. 252).

Consideramos essa leitura de Muniz Sodré, e temos como referência ainda os argumentos de Barbero (1985), que questiona se em alguma medida o que ocorre no mercado simbólico não se refere somente aos interesses da classe dominante, mas também à complexidade do universo dos dominados. Melhor dizendo, nos dias atuais, o receptor da mensagem não é um simples decodificador do que está sendo veiculado, mas também um produtor. Pensamos que seja também possível imaginar que grupos culturais pautam as questões a serem transmitidas pela mídia. Importante enfatizar que pensamos a lógica das mudanças operando em função do mercado.

O(a) negro(a) na publicidade

Jorge de Souza Martins (1997) atesta que o homem partilha das conseqüências dos avanços sociais mediados pela comunicação. Sendo assim, os comportamentos são permeados pelas situações apresentadas em decorrência do estado econômico pós-industrial corrente em todo o mundo. Situações essas que mobilizam o homem a buscar o conforto adquirindo bens que lhe propicie bem-estar. E nessa busca, pode ocorrer inclusive a implantação de hábitos e conceitos inusitados. Segundo o autor, a intensificação das comunicações acelera este fenômeno social e "faz idéias novas serem aceitas e costumes diferentes se popularizarem" (MARTINS, 1997, p. 20). É por essa perspectiva, então, que o nosso olhar sobre a publicidade com a presença de negros(as) na televisão não pode ser feito de maneira unilateral, considerando de pronto a estereotipia ou a negação, como denuncia o Movimento Social Negro.

Podemos pensar se, de algum modo, a publicidade veiculada na televisão não faz parte do reconhecimento da diversidade cultural brasileira, particularmente a publicidade que selecionamos para a pesquisa, ou seja, a que tem a presença do(a) negro(a).

Tentamos nesta pesquisa compreender melhor a relação entre a linguagem publicitária vinculada ao negro(a), que, na nossa avaliação, passa pelo contexto histórico e social de produtos para os consumidores. Referimo-nos principalmente às informações que descrevemos da obra de Martins sobre os primeiros anúncios que circularam no Brasil relacionados a "caça" de escravos fugidos e à pesquisa citada por Sodré (1999)[13] em que empresários descobriram o poder aquisitivo de famílias negras e passaram a criar publicidade para a venda de produtos para essas famílias.

Na introdução desta dissertação, apresentamos a leitura do antropólogo Peter Fry acerca da presença do(a) negro(a) na publicidade, em que ele aponta as possibilidades de os produtores e propagandistas de beleza contribuírem para a desconstrução da malfadada relação entre aparência considerada negativa e venda de produtos. Passamos, então, às reflexões trazidas por este autor.

Fry inicia o seu artigo concordando que as pessoas negras no Brasil vivem em piores condições do que os brancos, independentemente da classe social. São os afro-brasileiros que apresentam as mais altas taxas de mortalidade infantil, ganham menos e sofrem mais nas mãos da polícia, segundo os seus estudos. Também este autor atribui tal situação ao mito da democracia racial, denominada por ele de "máscara" por ocultar a verdade amarga da discriminação e da desigualdade raciais.

Para ele, o mercado é o divulgador de conceitos e idéias no Brasil contemporâneo, na medida em que a publicidade está nas ruas e em nossas casas. Fry avalia que o Movimento Social Negro compartilha desta percepção ao criar instrumentos que obrigam alguns municípios a incluírem modelos negros(as) em suas peças publicitárias oficiais. Nessa perspectiva, o autor defende que "em longo prazo, a direção tomada pela publicidade no Brasil será um fator poderosíssimo na definição da direção básica a ser tomada pelas relações raciais" (2002, p. 305). Na mesma linha adotada por outros autores, Barbero (1985), Gómes (2002) e Iasbeck (2003), o autor afirma a sua posição contrária ao pensamento que indica os consumidores como vítimas passivas dos produtores e que os produtores são meramente impulsionados pelos desejos dos consumidores. O antropólogo relata que, na primeira vez que esteve no Brasil, em 1970, um cartaz na cidade de São Paulo lhe chamou a atenção porque havia uma mulher branca sentada num sofá e uma mulher negra de uniforme de empregada segurando uma caixa de sabão em pó.

No cartaz estava escrito: "Para quem lava e para quem usa". Fry confessa o seu espanto pelo fato desse tipo de material circular no Brasil na década de 70. No entanto, a década de 90, foi, para ele, um marco em romper com essa tradição de negros(as) estereotipados por meio de cartazes que ele chama de "contra-intuitivos". O autor cita um anúncio da Neston mostrando o início de uma corrida entre um atleta negro e um menino branco com um foguete amarrado às costas: "Por que a gente sabe que os últimos nunca serão os primeiros." Fry apresenta a sua visão de mais alguns cartazes do fim do século XX e início do XXI, em que se percebe não só a ampliação da participação da presença de negros(as) na publicidade como o caráter de desconstrução das diferenças como algo negativo, bem como a busca da valorização da figura de negros(as) em evidência. Ele considera que essa ampliação ainda ocorre em pequena escala, mas considera que ela tende a crescer em número e qualidade. Aponta ainda:

> Sugeri que a presença maior de pessoas de cor na publicidade brasileira é, basicamente, um fenômeno mercadológico. Mas o mercado também obedece a uma lógica cultural e política e faz parte do Brasil, tanto quanto partidos políticos e movimentos sociais. Os redatores do texto publicitário são treinados nas melhores universidades, onde o racismo é discutido e condenado. Assim, é possível afirmar com segurança que o fenômeno que estou descrevendo é o de um mercado cuja busca de lucro se baseia em parâmetros culturais que, por si só, nada têm a ver com "forças de mercado" (2002, p. 311).

No mesmo artigo, o autor analisa a criação da *Revista Raça Brasil* que, segundo os criadores, queria "vender a imagem de um negro que não era vendida até então", centrada na questão da beleza, especificamente em produtos e tratamentos considerados específicos para negros(as). O autor cita o livro *Racismo Cordial*, que é o resultado de uma pesquisa realizada pela *Folha de São Paulo*. Nessa pesquisa descobriu-se que 59% da população brasileira "pode ser considerada descendente de africanos, negros, mulatos e todas as suas variações". Em seguida, notou-se que 10% dos negros e mulatos tinham renda familiar superior a vinte salários mínimos por mês. A partir destes dados, efetuou-se um cálculo do provável número de adultos negros e mulatos nestas famílias. A constatação de uma classe média negra levou a revista a ser criada.

Fry pondera, em seu artigo, as reflexões de Muniz Sodré em relação à preocupação individual das pessoas negras com a beleza, incorrendo no risco de se distanciarem da dimensão política colocada para se combater o racismo no Brasil. Para ele, o que deve ser pensado é a definição de política racial como a atividade voltada para erradicar a discriminação e a desigualdade, mesmo que no âmbito da ordem social vigente, e não se pensar a política para questionar o mercado. Segundo o antropólogo, os criadores da *Revista Raça Brasil* estão corretos em pensar que a auto-estima é "gerada pela satisfação com a aparência pessoal".

O (a) negro(a) e o mercado consumidor

Em relação ao mercado e o negro, Sodré (2000) esclarece que foi realizada uma pesquisa em vinte e dois estados brasileiros – "Qual é o pente que te penteia – o perfil do consumidor negro no Brasil" – que revelava que os negros integrantes de 1,7 milhão de famílias, com alto nível de escolaridade (45% de colegial completo e 34% de superior completo) e renda familiar média pouco acima de 2 mil dólares mensais, eram atrativos o suficiente para motivar uma grande variedade de negócios. Segundo o autor, o que justifica a existência de mais de um 1,5 milhão de famílias negras (há cerca de 30 milhões de famílias no País) inseridas em oportunidades de consumo é perfeitamente cabível, se considerarmos o registro do fenômeno crescente de *famílias uniparentais* (mãe, diversos filhos e diversos pais), assim como o aumento em escala da miséria, devido à estrutura socieconômica excludente.

Para Sodré, desde meados dos anos 80, sob o influxo do neoliberalismo socioeconômico e da inferioridade do emprego diante do crescimento da população economicamente ativa, o setor informal passou a gerar um volume gigantesco de recursos. Isto, segundo ele, ajuda a entender o surgimento de emergentes de pele escura na "órbita" do consumo. Não ocorre, portanto, na sua avaliação, uma verdadeira e digna integração socioeconômica dos descendentes de africanos, mas bolsões de renda concentrada facilmente detectável pelo mercado e simulável como "modernização", pela publicidade. Sendo assim, de acordo com o autor, diante de uma economia de mercado especulativa, divorciada da vida social ou descomprometida com o fator humano (os governos buscam, cada vez mais, o puro e simples equilíbrio macroeconômico), confundem-se acúmulo financeiro e instáveis "negócios" com economia realmente produtiva e socialmente integradora.

Segundo Sodré, enquanto analistas anunciavam em tom esperançoso a existência de uma nova "política de raça" na vida brasileira, um amplo estudo divulgado (1997) pela Comissão Inter-Americana de Direitos Humanos da Organização dos Estados Americanos (OEA) apontava perspectivas sombrias para os descendentes de africanos. Mostrava, por exemplo, que era escassa a presença de negros nas universidades de boa qualidade, que a sua representação no Congresso era apenas simbólica e que as pessoas de pele clara ganhavam, em média, duas vezes e meio mais do que as pessoas de pele escura. O autor sugere que auto-imagem e auto-estima são mobilizadores do ego e, portanto, alvo da visão publicitária. Em relação a essa pesquisa, Sodré tece alguns comentários que justificam suas conclusões. Para o autor, a sociedade brasileira pauta-se por não ter um projeto de igualdade democrática, com elites muito poderosas e "diferentes" muito inferiorizados. Segundo ele, há um empenho dessas elites em afastarem a representação do brasileiro da identificação africana. O autor esclarece que estudos genealógicos brasileiros são pródigos em exemplos de famílias em que um filho de negro aparece identificado no registro de nascimento como branco.

O(a) negro(a) na telenovela

Joel Zito Araújo (2000), na pesquisa que realizou sobre a presença de negros nas telenovelas brasileiras, concluiu que uma das principais características da formação nacional, a de ser multirracial e multiétnica, corre o risco de reduzir-se a um referencial euro-americanizado. Para o pesquisador, as telenovelas não tratam do Brasil real, mas "do Brasil desejado pelas elites do séc. 19". O cineasta afirmou em seu trabalho que, além da telenovela, podemos ver a negação do negro nos comerciais, pois o empresário brasileiro, em sua grande maioria, não acredita que o negro seja uma força econômica; "na lógica dessa maioria, preto é igual a pobre, que é igual a consumo de subsistência" (2000, p. 39). Penso, então, que o cineasta, em sua pesquisa, manifesta o quanto permanece presente na sociedade nacional o desejo de ocultar a existência maciça de afro-brasileiro na constituição das identidades nacionais, tendo a mídia como grande colaboradora. Uma das conclusões a que ele chega é a de que:

> "em poucos trabalhos identificamos atores negros nos papéis principais, de protagonistas ou antagonistas. As rédeas da ação são tomadas geralmente por personagens interpretados por atores brancos, que atuam como o Leão, o condutor, ou compõem o grupo de personagens principais." (2000, p. 38).

Verificamos que esse quadro se vem alterando ao observar a televisão, bem como a análise de jornais, ou seja, há uma presença maior de negros(as) nas telenovelas, se comparada ao tempo da pesquisa realizada pelo cineasta. No entanto, isso não significa um equilíbrio em relação à diversidade da população brasileira no que se refere à etnia.

Em março de 2004, a pesquisadora foi entrevistada por um jornal impresso local para que emitisse a sua opinião sobre a novela "Da cor do pecado", que teve a sua estréia em 26 de janeiro do mesmo ano. A resposta foi a de que uma atriz negra estrelando uma novela da emissora mais assistida pelos brasileiros, a *Rede Globo de Televisão*, significava um avanço no que se refere à representação de negros(as) na mídia. A repórter infere que a pesquisadora festeja a iniciativa por considerar que a novela desvela e desmascara o racismo e o preconceito, ainda que não quebre paradigmas.

A mesma reportagem buscou outros atores sociais para emitirem a sua opinião, como Joel Zito Araújo, que demonstrou ressentimento em relação à falta de um número maior de negros(as) na trama. Segundo ele, não chegou a 10%. O autor diz que, ao se colocar as falas racistas e o "xingamento" na boca da vilã, que disputa o amor do galã branco, a novela passa a impressão de que somente as pessoas más são capazes de serem racistas, o que não é verdade. Mas considerou importante o fato de que, na verdade, essas falas se aproximam muito da realidade do que várias pessoas realmente pensam sobre os(as) negros(as).

Na mesma reportagem, Joni Anderson, que foi editor da *Revista Raça Brasil* e hoje trabalha em uma agência que promove a inserção de negros(as) na publicidade, afirma que o falso moralismo caiu por terra na trama à medida que a atriz não carrega uma bandeira de luta contra o racismo. Compara isso ao tratamento que a mídia dá ao homossexualismo, pois aborda o tema, mas não acontece o beijo na boca, por exemplo.

A atriz Ruth de Souza, atriz negra da emissora, que reivindica o seu lugar de primeira atriz negra a protagonizar uma novela na televisão – "A cabana do pai Tomás" (1969) –, expressa o seu contentamento com as mudanças na forma como o negro é retratado na televisão e diz que já era tempo de termos essa imagem positiva sendo mostrada. Para ela, muitas vezes o homem negro bonito já foi apresentado em papéis de segurança; o menino negro, como menino de rua; o pobre, o miserável e o empregado foram sempre associados ao negro. O autor da trama, também ouvido, fez questão de dizer que não tinha a pretensão de debater o preconceito e nem fazer reflexões sociológicas acerca do tema e sim contar uma história de amor.

A ótica das educadoras negras sobre a presença de negros(as) na publicidade televisiva

De maneira geral, as poucas falas das educadoras são no sentido de que a mídia vem alterando a forma de representação do negro(a). A maioria pensa que ainda se utilizam estereótipos ao representá-los. Estão também convencidas de que aparecem bem menos do que deveriam, considerando o número da população de afro-brasileiros. Consideram ainda que a mídia, particularmente a televisão, influencia bastante o modo de vida das pessoas, podendo alterar ou influenciar a adoção de determinados comportamentos.

A fala apontada aqui é a de um reconhecimento dos avanços na forma de representação do(a) negro(a):

> A imagem do negro passou a ser vista com outros olhos, além daquela imagem que o negro já tinha há algum tempo. A gente não via... porque o negro era o empregado, era o mordomo, era o chofer. Ele passou a ter uma outra imagem, além de ser bonito... de crianças aparecendo, de adolescentes mostrando o seu trabalho, mulheres e homens. Não belos, mas vistosos. Não é aquela beleza padronizada, aquela coisa que a mídia coloca... a criança negra ela não se via. Ela não se via na mídia. Era muito pouco. Quase não tinha. Na minha infância, não tinha. Só brinquei com bonecas... loiras dos olhos azuis. Então, hoje você já tem as bonecas negras. Os bebês... e caros. Eu vou comprar um pra mim, porque eu nunca tive um. (Grupo 1).

Outras falas registram o caráter de reforço aos preconceitos e estereótipos e a cobrança de que os meios de comunicação devem ainda muito de reparação à população afro-brasileira, no que se refere à representação:

> Agora, eu vejo que ela também... reforça esse preconceito, a televisão. Ela delega papéis pro negro, às vezes se coloca ele como papel principal... é todo cheio de questão. Coloca ali, parece uma bonequinha. Artificial que eles tão colocando ali, não leva as coisas no fundo. Não coloca realmente o que tá acontecendo. Às vezes, assim, a referência africana... a referência de valorização negra... ela é muito pobre na televisão. É difícil assim, você tem que sair correndo atrás de alguma coisa que fale, é muito difícil achar. E também é uma coisa que... acaba incomodando é muita gente. Incomoda muitas pessoas, né? Você vê o cartaz lá na sua sala, lá na sua escola, você coloca um cartaz que tenha referência, né? De uma família negra... aquilo mexe com todo mundo. Você tem que montar o cartaz. Você não vai achar. E assim, a mídia tem um papel muito importante. Acho que.... Eu acho que tem que mudar algumas coisas na mídia. Eu acho que o compromisso educativo é de todos, não é só da educação não, pra gente ter um Brasil melhor. Enquanto isso não passar

> a ser uma visão de toda sociedade, o trabalho da gente vai ficar muito restrito! Eu acho? que se a gente for querer... aí fica muito restrito. Ele é parceria de todo mundo, né? Todo mundo tem a influência ali. Então, tem que optar pela educação mesmo, tem que optar pelos problemas que a gente tem. (Grupo1).

As peças publicitárias analisadas pelas educadoras

O segundo momento dos grupos foi quando reproduzimos as peças publicitárias. Passaremos, então, a dialogar com as falas das educadoras em relação a elas. A primeira reproduzida foi a da Fiat, em que o homem negro dirigia o carro. As leituras foram variadas, iniciando com a compreensão de que a Fiat, ao fazer uma campanha que sugeria ao público "rever os conceitos", estava falando também dos seus produtos. Esclareceu-se que os automóveis da Fiat tinham uma característica de não serem considerados "bons", por parte dos compradores. Esse pensamento advinha do fato de os carros serem bastante simples e com pouco conforto. É o que se chama de carros populares. Segundo as professoras, a agência publicitária, ao fazer tal campanha que envolvia outras peças ligadas ao conflito geracional e de opção sexual, quis também chamar a atenção para a mudança dos seus automóveis. De acordo com essas peças, eles estão mais confortáveis e com *design* mais arrojados. Fazendo a correlação com a participação do homem negro, teceram considerações concordando que, de fato, existe no imaginário social espanto em relação às relações inter-raciais. E mais, um homem negro dirigindo um carro com uma mulher branca no banco de trás induz a se pensar que ele é o seu motorista, pois essa relação de subalternidade tem sido de fato atribuída aos negro(as) no Brasil, além de se considerar que negros(as) têm pouco poder aquisitivo. Então, as reflexões delas foram também no sentido de pensar a mudança da postura racista por parte de algumas pessoas. As professoras falaram sobre o espanto da colega branca que abordou a amiga e da naturalidade com a qual a outra respondeu que agora é mãe:

> O conceito que foi mudado é o conceito lá da base da coisa. Quando elas se conheceram em criança e sonharam com uma

> vida de Cinderela, a vida de Cinderela não incluía um parceiro negro, com certeza... Nunca podia imaginar que... Não um marido negro, um provedor negro, um provedor financeiro negro, né. Madame é aquela que tá vivendo do provedor, do marido dos sonhos e ele não é negro... É porque ele nunca poderia ser negro. Nunca.. Não porque o negro necessariamente não tem dinheiro suficiente pra comprar um carro, né? Então, é por aí. (Grupo 1).

Houve um comentário sobre o fato de a Fiat estar mudando a sua imagem de meramente fabricante de carros populares para dizer que também faz carros para as classes média e alta. Portanto, a idéia de rever os conceitos inclui ver também os veículos que estão sendo fabricados atualmente e sugere também que o poder aquisitivo de negros(as) no Brasil se vem alterando. Nesse aspecto, há uma correlação com as pesquisas apontadas por Muniz Sodré, que mencionamos acima. A leitura das educadoras foi ainda no sentido de valorizar a publicidade por acharem que ela contribui para a desconstrução do homem "servidor" de brancos(as): "Eu achei muito boa essa propaganda, muito boa mesmo. Porque também é um, é... uma das poucas que o negro também não tá como empregado e tal, aquela coisa toda... (Grupo 1).

A segunda peça publicitária que exibimos foi também de venda de um carro da Fiat. Uma em que aparece um rapaz negro com o cabelo *black power* tirando vários objetos dele. Nos dois grupos focais, as educadoras identificaram o personagem como um cidadão com características de americano, principalmente porque ele retira do cabelo também uma bola de basquete, esporte associado aos jogadores americanos. Mas a primeira impressão foi, de fato, em relação à má utilização do cabelo. No primeiro grupo, logo que a publicidade foi exibida, veio o comentário: "Tá rindo do nosso cabelo". No segundo grupo, as educadoras comentam:

> Agora, é uma coisa também meio jocosa, até pelo estilo *black* dele, do cabelo dele. Um ex-namorado meu começou a deixar o cabelo crescer. E o pessoal ficava assim: "O que que tem aí em? Deve ter piolho, deve dar pra guardar isso, guardar aquilo."

> Então, eu me lembrei dessa situação. Eles aproveitaram dessa situação. (Grupo 2).

Nos dois grupos, muitas educadoras expressaram o sentimento de desagrado em relação à publicidade, exatamente por causa do uso do cabelo do rapaz, que consideraram pejorativo. Em relação ao estilo do personagem, a avaliação foi de que se fez uma alusão a um perfil americano, inclusive pela música estrangeira e pelo uso de jaqueta de couro. Traduziram que o veículo é um produto caro para ser vendido para quem tem um poder aquisitivo melhor. Inferiram que a empresa considerou o fato de que esse é um produto para ser vendido para pessoas na faixa de 40 anos e que assistiram na infância a programas relacionados a jogo de basquete. Essa geração, na avaliação delas, é a geração que está com poder aquisitivo para adquirir bens, inclusive um veículo de um valor mais elevado.

> Então, pra mim, essa ela não teve, quando ela tava sendo veiculada, ela não tinha essa coisa tão ligada ao fato do negro e sim emblemático ao fato do remeter ao desenho da minha infância, e eu acho que isso foi pra toda uma geração que tá com 40 anos, que tem a ver com o público da Fiat, tá? Que compra os carros da Fiat, começou a comprar carro há dez anos atrás em termos de grana. Eles foram população negra que agora tá com 40, melhorando um tiquinho aí, e aí foi, eu acho que ela foi mais emblemática, foi a leitura que eu fiz dela foi essa, não foi tanto quanto a primeira, diretamente ligada à condição do negro ali. Foi mais emblemática. (Grupo 1).

No segundo grupo focal, a leitura foi de que o produto estava sendo vendido para pessoas mais jovens. A leitura advém do fato de o personagem ser um jovem com estilo, demonstrando ter um bom poder aquisitivo e o cabelo "descolado", como tem sido usado:

> Eu acho assim, essa propaganda, eu acho ela superlegal, que primeiro ela foi feita para um público. Eu acho que ela atingiu o que ela queria atingir. Que era o público jovem. O cabelo superdescolado, um cara totalmente descolado, quer dizer, é um

negro, mas não é um negro da classe pobre, se viu casaco de coro. Não é um negro qualquer.. Não foi empregado né. Saiu da academia, casaco de couro, carrão e tal. Então, eu acho que a propaganda atingiu o público ali. Deu, deu a sua mensagem. E eu acho esse cabelo superbacana. (Grupo 1).

Viana (2007) nos esclarece sobre a origem do estilo do cabelo *black power*, ao afirmar que os conflitos raciais entre negros e brancos nos Estados Unidos eram intensos nos anos 60 e 70. O estilo de cabelo surgiu com o objetivo de fortalecer a identidade negra, num processo de recuperação das origens africanas na sonoridade, na visualidade e na identificação com as origens africanas, tais como: *dreadloocks*, vestimentas, cortes de cabelos e nas várias manifestações artísticas. Segundo Hall (2001), citado pela autora, o *black* é um exemplo do caráter das novas identidades e também do modo como a identidade e a diferença estão articulados em identidades diferentes, sem que uma anule a outra.

O livro de Gomes (2006) nos ajuda a refletir sobre o negro nas peças publicitárias. Para a autora, o fato de negros e negras aderirem a determinado estilo de penteado como estilo de vida tem sido acatado com certa facilidade pela indústria cultural e pelo mercado. Para Gomes, essa estratégia pode levar a uma dispersão e alteração das formas de resistência dos negros, do seu sentimento de pertença, produzindo uma despersonalização, levando ao crescimento de uma individualidade exarcebada.

A terceira publicidade que discutimos foi a do Hipermercado Extra, em que o grupo musical baiano Ilê Aiyê aparece dentro da loja anunciando as ofertas, em função da comemoração do aniversário do Hipermercado. A logomarca do Extra é: "O Hipermercado da Família Brasileira". Aliada a essa mensagem, outras que circularam foram: "Mais uma família que nos enche de orgulho" e a informação de que o Grupo IIê Ayê é patrocinado pelo Extra. No momento da exibição da peça, a facilitadora informou que existem vários grupos e cantores sendo patrocinados por empresas, assim como eventos artísticos diversos. Citou o caso do Grupo *Corpo*, patrocinado pela Petrobrás, e exibiu um

Compact Disc de um grupo mineiro patrocinado por uma empresa de telefonia móvel. Solicitamos que todas essas informações fossem consideradas para a análise da publicidade. Nos dois grupos, a exibição foi realizada por mais de duas vezes em função de o grupo musical ser composto por vários membros, vários "compradores" aparecerem e a divulgação dos produtos em ofertas comporem o comercial.

As análises das educadoras foram em vários sentidos. A conclusão da maioria foi a de que o grupo ficou lá como enfeite, sem nenhuma relevância, embora a intenção tenha sido de colocar negros baianos como "natural" família brasileira. As opiniões foram no sentido de que quem está comprando são famílias brancas, portanto reforça-se a idéia de branco consumidor e o negro(a) um tanto quanto folclorizado. Discutiram também que a idéia que o Extra tenta transmitir de benesses pelo patrocínio não é isenta, na medida em que as empresas são beneficiadas do ponto de vista fiscal, ao realizarem ações desse gênero. Intuíram ainda que a logomarca se contrapõe a um supermercado que é de origem européia; portanto, o Extra tenta seduzir eventuais fregueses com a idéia de brasilidade. No primeiro grupo focal, instalaram-se dois lados com avaliações diferenciadas. O primeiro lado considerou que não se intencionou usar o Ilê Aiyê porque são negros, e sim usar um grupo musical famoso para a venda de produtos da instituição. O outro lado considerou que a idéia de utilização do grupo havia sido sim porque são negros(as), mas que a exibição deles ficou prejudicada por ter mais produtos diversos sendo vendidos e o grupo ficou ao fundo. Fizeram críticas ao Hipermercado, informando que houve uma pesquisa de mercado que constatou ser o Extra um Hipermercado caro. A maioria concordou que realmente os produtos são de preços elevados. Ao criticarem a intenção dos produtores em aliar o grupo à família brasileira, que "nos enche de orgulho", elas acusam a falha que fez com que o objetivo não fosse alcançado:

> Você presta atenção na apresentação, de um modo geral... Não presta atenção no pedacinho que fala que o Brasil é negro, né. Porque quando eles passam esse pedacinho aqui, eles estão querendo dizer isso, mas ficou assim tão junto, com as ofertas...

> a coisa assim, pra ser, pra alcançar esse âmbito que se queria, né, que os negros são a família brasileira, teria que ser sim uma coisa assim mais ligada... porque até então eu não percebi, infelizmente. (Grupo 2).

Mas houve também educadoras que consideraram a iniciativa interessante, pois gostaram de ver o Grupo Ilê Aiyê fazendo a publicidade. As educadoras que contestaram apontaram o caráter "carnavalesco" do propósito, estigmatizando a presença do(a) negro(a).

No segundo grupo focal, houve uma denúncia de racismo. As educadoras afirmaram que não gostam do Hipermercado. Uma delas, nas poucas vezes em que esteve nele, em busca de oferta sentiu-se desconfortável com as observações do vigilante, sendo que uma vez, pelo fato de ser grande o incômodo, ela perguntou ao segurança se ele achava que ela estava "roubando" algo. Disse também que os dois filhos já haviam sido abordados dentro de uma das lojas. Esclareceram que já viram outras formas de mídia veiculadas pelo Hipermercado com a presença de negros(as), afora essa que selecionamos: "Eles não investiram só nessa questão do negro na mídia só na televisão, não! Eles estão com vários cartazes, né...vários *banners*! E cor negra, menino negro, menina negra, um monte de gente negra, só não gostam muito do negro circulando lá dentro. Então, meu comentário pára aí." (Grupo 2).

A última publicidade exibida foi a da sandália Grendha com a participação da atriz Taís Araújo. A publicidade exibe a atriz com uma roupa colorida com tons amarelados e esverdeados e a maquiagem em destaque. Taís fala que tem "tanta festa para ir, tanta roupa para usar" e, portanto, deveria ter muitos tipos de sandália para escolher. A pesquisadora sugeriu às educadoras considerarem o fato de a atriz ter sido a primeira negra a protagonizar uma telenovela da *Rede Globo de Televisão*. Foi informado ainda ao grupo que atrizes como Adriane Galisteu e Gisele Bunchen já faziam parte das peças publicitárias dessa empresa há mais tempo. A pessoa que gravou a publicidade teve dificuldade de fazê-la em função de ela ser exibida em menor espaço de tempo do que a que circulava com as modelos brancas. A novela estreou no final de janeiro de 2004 e terminou em setembro do mesmo ano. Frisamos que a peça publicitária foi ao ar em novembro de 2004. Novamente as opiniões se dividiram com a observação das entrevistadas nos dois grupos focais no que se refere à maquiagem de Taís. Para elas, houve um excesso na mudança do rosto e no cabelo da atriz que se distanciou bastante do aspecto físico do seu personagem na novela. Embora não tenha sido dito às educadoras, a pesquisadora também teve dificuldade em reconhecer a atriz na primeira vez que viu a peça na televisão.

Os grupos focais consideraram que a peça foi criada exatamente depois da novela, pois a atriz estava em "alta". Concluíram também que, para o(a) negro(a) estar em uma publicidade, ele(a) tem que se encontrar em destaque em alguma situação social. Para elas, o caráter "luxuoso" da aparição da atriz indicava que a venda da sandália era para um público denominado por elas de "Patricinhas": "Ela tá ali, pra poder atingir uma população de Patricinhas, né, negras também, que são compradoras em potencial, que também a gente não pode desconsiderar". Outras atestaram que as modelos loiras não precisaram ser maquiadas, foram "naturais" para a televisão. Expressaram ainda o desejo de que, a partir do momento em que Taís Araújo apareceu naquela publicidade, teríam ofertas de sandália com o nome dela assim como existem da Adriane Galisteu, Gisele Bunchen e Reinaldo Gianeccini. Até o momento em que a entrevista foi realizada, essa criação não havia ocorrido. Teceram comentários sobre a participação da atriz na novela, dizendo que ela ficou "apagada" e que os olhares eram para o ator Gianeccini e a atriz Giovanna Antoneli.

Nessa publicidade as conclusões relevantes foram no sentido de que a atriz Taís Araújo não representa o perfil da maior parte das mulheres negras. Alegaram que havia sido "forçada uma barra", para exibirem a atriz como "naturalmente brasileira", ou uma brasileira comum. Falaram ainda da sua situação socioeconômica:

> Se vocês virem, as características do negro na televisão não são os negros mesmos, comuns. Igual a gente, aqui e tal, aquela coisa toda, são os negros assim, como a, como se diz, é uma capa estruturada para que eles estejam ali, naquele momento, naquela hora, não é mesmo? Taís Araújo é uma negra sim, muito bonita, belíssima, né, não tenho nada contra e tal, aquela coisa

> toda, mas a Taís Araújo, ela é uma negra, não é uma negra assim, que veio, da luta, da batalha, e tal e vida dura, ela é filha de professor, ela é filha de advogado, quer dizer, ela não tá nessa posição social dela, ela não tá numa novela à toa não, ela tem uma história de vida anterior, entendeu? Muito culta, ela não é pouca coisa não, ela tem muita cultura, pra oferecer pra *Rede Globo*, pra poder estar com ela ali. (Grupo 2).

Outras preferiram comparar o uso da imagem da Taís Araújo com o da Gisele Bunchen, dizendo que, mesmo com a característica de ser bonita e inteligente, Taís foi tratada de maneira desigual:

> Taís teve que ser produzida, a Gisele é loira, bonita e linda, é uma mulher mundialmente conhecida e que a Taís, por ter feito aquela participação de ser a protagonista da novela, foi produzida pra SER e pra TER essa imagem de mulher bonita mesmo calçando um chinelinho no pé. Porque a Gisele pode estar descalça que todo mundo vai adorar. Por quê? Porque ela mantém essa imagem, né? ...Mas antes da Taís, tivemos tantas mulheres negras lindas. (Grupo 2).

O comentário acima foi feito no primeiro grupo focal. No segundo grupo, ainda que a maioria das educadoras compartilhassem da mesma opinião em relação ao perfil da atriz, uma delas expressou o seu contentamento com a publicidade. Houve uma fala no sentido da não percepção dessa dimensão que as outras colocaram, mas a disposição em observar melhor. Tivemos nesse grupo duas falas que expressam a contradição dos pensamentos em relação ao negro(a) na publicidade e o(a) negro(a) consumidor(a). A primeira exprime um pensamento análogo ao que dizem as colegas do primeiro grupo:

> Não representa a raça, sabe? Eu acho que isso é importante porque as pessoas quando... fazem assim muita diferença DO NEGRO! Taís eu acho que ela é um elemento que... ela não caracteriza, sabe? O negro mesmo ali na acepção da palavra. Porque a questão da aparência não é muito respeitada, né! É é lógico que a gente tem aqueles caracteres que são peculiares a nossa raça, a gente não pode negar isso! E AÍ TÁ UMA COISA

> ASSIM MUITO MASCARADA!... A Gisele passa sem adorno, praticamente nenhum, né! Ali eles precisaram de colocar... o cabelo tem que estar assim, muito muito muito, que a gente vê o... brilho até... Você vê que teve base pra daná ali, ela foi muita produzida, ela não tá assim... negra ao natural. (Grupo 2).

Uma outra fala analisa com naturalidade o modo como a publicidade foi construída e a tentativa de endereçamento ao público de jovens negras:

> Minha percepção é diferente... Assim no primeiro momento, quando eu observei, eu gostei muito de ver a Taís ali. A princípio eu acho assim... Do elenco de estrelas, acredito que ela é uma das que mais representa é..., ali ela tá um pouco mais produzida, mas mesmo assim achei que a produção não ficou... tão exótica. O mercado negro também tá sendo visado, e esse produto, de repente, é um produto um pouco mais ELITIZADO; então, eles pegaram escolheram a dedo aquela negra... Eu tenho observado assim, não sei se é uma tendência, mas acho que, mudando um pouco assim, até a questão do capitalismo e tudo, se vai, por exemplo, em algumas, nas favelas por exemplo, as meninas hoje tão andando superproduzidas dentro dum padrão de beleza que você não fala assim, cê no bate o olho ali, muitas vezes a gente bate o olho na pessoa e já imagina a condição social dela, né! Algumas meninas hoje você não consegue imaginar a condição social porque elas andam... MUITO bem produzidas, muito arrumadinhas... e são negras. De repente dá até pra fazer esse contraponto aí, porque de repente elas que serão as consumidoras. (Grupo 2).

Gomes (2006) também contribui com as nossas análises sobre essa peça, ao afirmar que a nossa sociedade produz cada vez mais a beleza e que, sobretudo as mulheres negras, principalmente modelos e atrizes, que necessitam sempre mudar de visual, deparavam-se, até pouco tempo, com muitos problemas. A autora refere-se, além da competitividade com as mulheres brancas, a cor da maquiagem, o jogo de luz, a cor da tinta para o cabelo, como instrumentos necessários para a produção das profissionais. A ausência de produtos adequados para a pele negra causava sérias dificuldades para as mulheres negras. A oferta, invariavelmente, era de produtos pensados para a pele branca. A nosso ver, a empresa que construiu tal publicidade se encontra na contramão do que Gomes pesquisou.

Os criadores das peças publicitárias da Fiat e da Grendha responderam às questões levantadas em nossa pesquisa. Para a primeira peça, "O motorista", a afirmação foi a de que, como princípio, "Revisão de Conceito", não teve como objetivo levantar uma bandeira, dar uma lição, ensinar o que é certo ou errado, mas convidar a uma reflexão: o mundo mudou. As pessoas mudaram, podem (e devem) se libertar de antigos padrões, conceitos e comportamentos. Segundo eles, foi um convite para que as pessoas pensassem a respeito. A frase "Está na hora de rever seus conceitos" sugere que as pessoas estejam abertas a rever suas eventuais posições negativas a respeito da marca, assim como devem estar abertas a fazê-lo em relação à vida.

As características do cabelo do afro-brasileiro, aliadas à percepção, por parte da empresa, de identificação de jovens com esse estilo, trouxeram a idéia de criar a peça publicitária "O cabeludo". Segundo a empresa de criação, não houve nenhuma segunda intenção quanto aos objetos que foram retirados do cabelo do rapaz e que, de fato, pensou-se nos *globetrotters* ao se criar o personagem. A escolha de um negro como protagonista desse filme foi conseqüência da presença positiva e marcante da cultura negra junto do segmento jovem, disseram os criadores.

Essa intenção está em consonância com o pensamento de Kellner sobre eventuais identificações de sujeitos com as mensagens veiculadas. Esse autor também nos faz acreditar ser possível uma não identificação por parte de alguns, como foi o caso de muitas professoras. Registramos ainda a fala da professora, no segundo grupo, que apontou ser essa publicidade voltada para o público jovem pela própria descontração do estilo do rapaz. Olhando para o segmento jovem, os ícones da cultura negra foram facilmente localizados: *black music*, fusão de ritmos afro em diferentes tendências eletrônicas, *dread lock, hip hop, black power*. A cultura negra está na moda, segundo os criadores, e representa "liberdade, ousadia, descontração, alegria". Na esteira da cultura negra, o personagem escolhido faz referência aos *Globetrotters*, atletas comediantes, os únicos do gênero, que fizeram grande sucesso. O personagem do filme representa um dos *Globetrotters*, o que guardava e retirava uma enormidade de coisas de seu cabelo *black power*, onde cabia tudo. Uma alusão direta à cabine estendida do Nova Strada, segundo os criadores.

Em relação à atriz Taís Araújo, a resposta foi a de que, sendo protagonista da novela, ela tornou-se uma personalidade de grande evidência. É claro que a novidade de ser a primeira negra neste papel ajudou a alavancar a mídia a favor dela, fazendo com que mais pessoas acompanhassem a sua trajetória e admirassem seu comportamento, suas conquistas, etc. Como a Grendha trabalha com mulheres (Ivete Sangalo, Adriane Galisteu, Carolina Dieckmann, Daniela Cicarelli) que representam o que as mulheres anseiam em termos de beleza, conquista, determinação e trajetória, incluir a Taís foi um caminho natural pelo sucesso dela como profissional e mulher, segundo os criadores.

Notamos que os criadores das peças publicitárias tenderam a dar ênfase aos aspectos positivos percebidos pelas educadoras negras ao analisar as peças. Intentaram, a nosso ver, valorizar as matrizes culturais, como proposto por Barbero (1985), bem como buscaram tematizar assuntos polêmicos na sociedade.

A expectativa dos criadores é antagônica à leitura de Sodré quando este aponta a mídia negando o valor estético do afro-brasileiro. Pensamos, então, que Fry pode estar certo quando fala em mudança de atitude dos publicitários em relação ao negro(as). Destacamos também o momento anterior, quando reproduzimos as falas das educadoras, percebendo que os meios de comunicação aos poucos estão vendo os negros com outros olhos. Olhos de uma população que está sendo reconhecida em seus valores culturais e estéticos. Assim como aponta Barbero, pensamos, a partir desta pesquisa, que os processos de comunicação estão sendo cada vez mais pensados considerando a cultura e não mais os meios de comunicação. Cada vez mais, está se fazendo política, como diz o autor, ao falar de conflitos concretos, ou seja, os conflitos sociais emergentes estão sendo considerados pela mídia. Consideramos, como Barbero, tendo como referência a publicidade com a presença de negros(as), que é no terreno do simbólico que as identidades coletivas se constituem.

Considerações

Quando estudava[14] as séries iniciais no interior do Estado, cheguei a pensar que não iria prosseguir os estudos, pois era bastante hostilizada pelos colegas brancos na escola. Como se tratava de uma cidade pequena, a sensação era de que o ciclo educacional seria curto para mim. Ao chegar a Belo Horizonte, já na adolescência, a primeira oferta de emprego que tive foi para ser empregada doméstica. Outras ofertas foram para esse serviço. No entanto, pensava e penso que se trata de uma profissão não de menor valor para a dignidade humana, mas desvalorizada por parte da sociedade, pois é considerada de baixo prestígio social. As empregadas domésticas são, na maioria das vezes, maltratadas pelos empregadores, que pensam que podem desrespeitá-las em função do serviço que prestam. A comparação que faço com as experiências do período da escravidão, em que meus antepassados foram sacrificados, para mim é inevitável. Busquei, então, a alternativa dos estudos, apesar das dificuldades oriundas de uma família de onze irmãos, pai analfabeto e mãe semi-alfabetizada. O magistério tem sido um processo de militância em prol de uma educação de qualidade para todos(as), em que eu busco dar ênfase à percepção das desigualdades étnico-raciais. O curso de Jornalismo, financiado com verbas do governo federal (crédito educativo), propiciou-me uma abertura significativa para a leitura de mundo e de possibilidades de uma vida melhor.

O que apreendi nas falas das educadoras foram situações observadas e sentidas de discriminação e rejeição do(a) negro(a) no ambiente escolar. Situações diversas, tais como a sua relação com estudantes e com colegas de trabalho; com profissionais de fora da escola, estranhando a presença de negras como professoras; com pais de alunos; e na formação escolar. Muitas delas também foram experimentadas por mim, o que me leva a apontar que as situações de racismo no ambiente escolar em qualquer etapa da vida do(a) negro(a) são imperativas e recorrentes na sociedade brasileira e devem ser transformadas em nome de uma sociedade mais justa e igualitária.

A militância e as experiências vividas ao longo da trajetória de mulher negra, educadora pública que alcançou uma graduação em Jornalismo e o ingresso no Mestrado, levou-me a vários momentos difíceis nessa pesquisa. Foi muito difícil distanciar, no processo acadêmico, meu lugar de compreensão do racismo e da insistência em combatê-lo e entender que nem todas as mulheres negras educadoras, como eu, têm a mesma trajetória. Não foi fácil compreender que cada uma tem o seu tempo, a sua forma de ver e perceber, de construir e desconstruir eventuais estereótipos sobre o(a) negro(a), bem como de perceber que é possível sermos agentes de uma outra história. Para mim, a condição de militante da educação ocupa o mesmo grau de militante negra. Tenho como referência as palavras de Paulo Freire, quando diz algo no sentido de que as grandes transformações podem não se dar pela educação, mas não se darão sem ela. Nessa perspectiva, somos professoras, professoras negras, olhando a mídia, a televisão, maior meio de comunicação de massa neste País, marcado pelas desigualdades raciais, econômicas e raciais e não podemos prescindir de termos uma leitura crítica e transformadora dos processos sociais que colaboram para aprofundar essas desigualdades e, no caso em questão, as desigualdades raciais no Brasil.

Com felicidade, percebi que a maioria das educadoras, embora utilizem o instrumento mídia de maneira acanhada, tem a posição de oposição aos produtos veiculados pelos meios de comunicação, assim como aponta o trabalho de Stuart Hall. São sinais de mudanças, se tivermos como referência a pesquisa de Nilma Lino Gomes, de 1995, em que as educadoras não se apercebiam do seu lugar de educadoras e negras e ainda menos do seu potencial de mudanças. Seguramente muito há que se fazer, se de fato desejarmos transformar esta sociedade em prol de relações raciais não injustas, mas não se pode negar as transformações ocorridas, em especial as mudanças relacionadas à mídia. Certamente, a mídia não foi descartada nessa leitura que estamos fazendo como perspectiva de construção de um trabalho de formação com professores(as), comunidade e pais de alunos.

Descobri que as educadoras negras da Rede Municipal de Educação de Belo Horizonte utilizam minimamente a mídia em suas ações pedagógicas. Essas educadoras, em sua maioria, têm uma leitura pessimista de que a mídia deturpa a imagem do(a) negro(a) e valoriza aqueles que nem poderiam ser efetivamente considerados representantes da raça. Elas se referem ao fenótipo menos "enegrecido", por assim dizer, ou seja, aqueles negros ou aquelas negras que têm o tom da pele menos escuro ou tiveram melhores possibilidades de formação educacional. Ao mesmo tempo, em um determinado momento em nossos grupos, uma fala me chamou a atenção. Foi quando disseram: "Mas eu estou adorando mexer nas máquinas eletrônicas do Banco do Brasil para ver aquele casal". A fala se refere a um casal de negros que fazia parte da publicidade utilizada na tela dos caixas eletrônicos vendendo os produtos do banco. Para mim, essa manifestação é o reconhecimento de que existe uma ampliação da visibilidade desse segmento populacional na mídia. Penso que as falas, na maioria das vezes pessimistas em relação às publicidades, fazem parte de um momento de transição pouco refletido por parte das educadoras. Importantes neste trabalho foram as reflexões apontadas por Martins (1997), referindo-se à linguagem publicitária, assim como os demais meios de comunicação como participantes do processo social globalizado. Pelos estudos do autor, a população, em menor ou maior grau, adquire os produtos em circulação em busca de bem-estar e a mídia tem contribuído para a aceitação das diferenças e dos novos costumes. Ao considerar os argumentos de Fry (2002), no sentido de que o mercado no Brasil se tem referenciado em parâmetros culturais e políticos, daí a maior presença de negros(as) na publicidade televisiva. Já teci considerações sobre o momento político social pelo qual passa o Brasil com a eleição de Luiz Inácio Lula da Silva e o seu compromisso com o combate ao racismo, criando, inclusive, a Secretaria Especial de Política de Promoção de Igualdade Racial.

Tenho como referência ainda o trabalho de Ruth Sabat (2001), que apresentei na Introdução, sugerindo a mídia como outros espaços produtores de conhecimento e saberes para além da instituição escolar, que tem sido espaço preponderante de operacionalização da pedagogia e do currículo.

Em março de 2004, o Conselho Nacional de Educação aprovou as Diretrizes Curriculares Nacionais para a Educação das Relações Étnico-Raciais e para o Ensino de História e Cultura Afro-Brasileira e Africana. Em 20 de novembro do mesmo ano, foram aprovadas no Conselho Municipal de Educação de Belo Horizonte as Diretrizes Curriculares Municipais para a Educação das Relações Étnico-Raciais e para o ensino de História e Cultura Afro-Brasileira e Africana. Na condição de conselheira municipal de Educação à época, fui relatora de tais diretrizes. A expectativa é a de que essas diretrizes (a nacional e a municipal), assim como o resultado desta e de outras pesquisas possam contribuir para os estudos de todos e todas nós, professores e professoras negros(as) e brancos(as), sobre a temática das relações raciais na sociedade brasileira.

7. Notas

[1] São eles: Erik Lelis Café, Frederico Alves Costa, Luciana da Silva Oliveira, Marília de Noronha Amabile e Saulo Pfefer Geber.

[2] No capítulo 4, discutiremos a diferenciação entre publicidade e propaganda.

[3] IBGE. *Síntese de Indicadores Sociais 2006*, p. 24-36.

[4] Grupo de Pesquisa em Imagem e Sociabilidade (Gris/UFMG). Relatório final do Projeto Integrado de Pesquisa. *Narrativas do cotidiano: na mídia, na rua*, mar. 2003.

[5] MARTINS, Jorge S. *Redação Publicitária*. Teoria e Prática. 2. ed. São Paulo: Atlas, 1997.

[6] *Publicidade e Identidate: produção e recepção na comunicação publicitára*. 2003.

[7] *Estética e política: Relações entre "raça", publicidade e produção da beleza no Brasil*, 2002.

[8] Tenho como uma das referências para trabalhar o conceito de sexo e gênero o trabalho de Judith Butler, *Corpos que pesam: sobre os limites discursivos do "sexo"*, quando ela afirma que "gênero é o significado social que o sexo assume no interior de uma dada cultura" (BUTLER,1999, p. 158).

[9] CARNEIRO, Sueli. A batalha de Durban. *Revista Estudos Feministas*. Florianópolis. 2002.

[10] SANT'ANNA, Wania. Desigualdades Étnico/raciais e de gênero no Brasil : as revelações possíveis do IDH e do IDG. *Jornal da Rede*, mar. 2001.

[11] BRASIL. Ministério da Saúde, Política Nacional de Saúde Integral da população Negra, 2006. Disponível em: http://bvsms.saude.gov.br.

[12] A autora aponta como branquitude traços da identidade racial do branco brasileiro.

[13] Pesquisa levada a cabo em 1997 pela empresa Grottera Comunicação.

[14] Assim como na introdução, utilizo a primeira pessoa do singular por se tratar de minha opinião pessoal acerca da construção da dissertação.

8. Bibliografia

AGUIAR, Wanda Maria Junqueira. A pesquisa em psicologia sócio-histórica: contribuições para o debate metodológico. In: BOCK, A.; GONÇALVES, M.; FURTADO, O. (Org.) – *Psicologia sócio-histórica:* uma perspectiva crítica em psicologia. 2. ed. rev. São Paulo: Cortez, 2002, p. 129-140.

ARAÚJO. Joel Zito. *A negação do Brasil* – O negro na telenovela brasileira. São Paulo: Editora Senac, 2000.

AZERÊDO, Sandra Maria da Mata. O político, o público e a alteridade como desafios para a psicologia. *Psicologia: ciência e profissão.* Brasília: Conselho Federal de Psicologia, v. 1, n. 1. 2002.

_____. A questão racial na pesquisa. In: AZEREDO, Sandra e STOLCKE, Verena (Org.). *Direitos Reprodutivos.* São Paulo: FCC/DPE, 1991.

_____. Teorizando sobre gênero e relações raciais. *Revista Estudos Feministas.* Florianópolis, ano 2, 2. sem., 1994.

BHABHA, Homi. *O local da Cultura.* Belo Horizonte: Ed. UFMG, 1998.

BUTLER, Judith. Corpos que pesam: sobre os limites discursivos do "sexo". In: LOURO, Guacira (Org.). *O Corpo Educado:* Pedagogias da Sexualidade. Trad. Tomaz Tadeu da Silva. Belo Horizonte: Autêntica, p. 153-172.

CAMINO, Leoncio. A Face Oculta do Racismo. *Psicologia Política,* ano 1, v. 1, p. 13-36, 2001.

CASTORIADIS, Cornelius. Reflexões sobre o Racismo. In: *O Mundo Fragmentado. As encruzilhadas do Labirinto III.* Rio de Janeiro: Paz e Terra, 2006.

CAVALLEIRO, Eliane. *Do silêncio do lar, ao silêncio escolar:* racismo, preconceito e discriminação na educação infantil. São Paulo: Contexto, 2000.

DEBERT, Guita Grin. O velho na propaganda. *Cadernos Pagu.* Campinas: n.21, p.133-155, 2003.

DEBUS, Mary. *Manual para excelencia en la investigación mediante grupos focales.* Washington: Health com Agency for Internacional Development, 1988.

FANON, Frantz. *Pele Negra, Máscaras Brancas.* Trad. Adriano Caldas. Rio de Janeiro: Fator, 1983.

FRANÇA, V.; SILVA, J.; SOUZA, R. A narrativa das ruas: um outro tipo de produção. In: *Relatório final do projeto integrado de pesquisa* – narrativas do cotidiano: na mídia, na rua. Belo Horizonte, v. 1, p. 10-28, 2003.

FRY, Peter. Estética e Política: Relações entre "raça", publicidade e produção da beleza no Brasil. In: GOLDENBERG, Mirian (Org.). *Nu e Vestido, antropólogos revelam a cultura do corpo carioca.* Rio de Janeiro: Record, 2002.

GOMES, Neuza. Publicidade ou propaganda? É isso aí! *Revista Famecos*, Porto Alegre, n. 16, p.111-121, dez, 2001.

GOMES, Nilma Lino. *A mulher negra que vi de perto.* Belo Horizonte: Mazza Edições, 1995.

______. *Corpo e cabelo como símbolos de construção da beleza e da identidade negra nos salões étnicos de Belo Horizonte.* 2002. Tese (Doutorado) – FFLCH, São Paulo: 2002.

______. Trajetórias escolares, corpo negro e cabelo crespo: reprodução de estereótipos ou ressignificação cultural? *Revista Brasileira de Educação,* Belo Horizonte: Anped, p.40-51, 2001.

GUIMARÃES, Antônio Sérgio A. *Racismo e anti-racismo no Brasil.* São Paulo: Editora 34, 1998.

HALL, Stuart. Codificação/Decodificação. In : ____; SOVIK, Liv (Org). *Da Diáspora.* Identidades e Mediações Culturais. Belo Horizonte: Ed. UFMG; Brasília: Representações da Unesco no Brasil, 2003.

HARDT, Michael. A Sociedade Mundial de Controle. In: ALLIEZ, Eric (Org.). *Gilles Deleuze:* Uma vida filosófica. São Paulo: Editora 34, 2000.

IASBECK, Luiz Carlos. (2003).Publicidade e Identidade: produção e recepção na comunicação publicitária – Uma questão de identidade. In: CONTRERA, Malena Segura; HATTORI, Oswaldo Takaoti (Org.). *Publicidade e Cia.* São Paulo: Pioneira Thonson Learning, 2003.

JACCOUD, Luciana; BEGHIN, Nathalie. *Desigualdades raciais no Brasil* – Um balanço da intervenção governamental. Brasília: IPEA, 2002.

JESUS, Carolina Maria de. *Diário de Bitita.* Rio de Janeiro: Nova Fronteira, 1986.

KELLNER, Douglas. *A Cultura da Mídia.* Bauru: Edusc, 2001.

MARTÍN-BARBERO, Jesús. *De los médios a las mediaciones* – comunicación, cultura y hegemonia. 3.ed. México: GG Mass Media, 1993.

MARTINS, Jorge S. *Redação publicitária.* Teoria e prática. 2. ed. São Paulo: Atlas, 1997.

MEC. *Diretrizes Curriculares Nacionais para a Educação das Relações Étnico-Raciais e para o Ensino de História e Cultura Afro-Brasileira e Africana*. Brasília, 2004.

MIÈGE, Bernard. *O Pensamento Comunicacional*. Tradução de Guilherme João de Freitas Teixeira. Petrópolis, RJ: Vozes, 2000.

MÜLLER, Maria Lúcia Rodrigues. Professoras negras na Primeira República. In: OLIVEIRA, Iolanda de. Relações raciais e educação: alguns determinantes. *Cadernos PENESB*, Niterói: Intertexto, p. 21-64, 1999.

MUNANGA, Kabenguele. Políticas de ação afirmativa em benefício da população negra no Brasil: um ponto de vista em defesa de cotas. In: SILVA, Petronilha Beatriz Gonçalves e SILVÉRIO, Valter Roberto (Org.). *Entre a injustiça simbólica e a injustiça econômica*. Brasília: Instituto Nacional de Estudos e Pesquisas Educacionais Anísio Teixeira, 2003.

REIS FILHO, J. T. *Ninguém atravessa o arco-íris:* um estudo sobre negros. São Paulo, Belo Horizonte: Annablume, Newton Paiva, 2000.

RIBEIRO, Matilde. Mulheres negras brasileiras: de Bertioga a Beijing. *Revista Estudos Feministas*, v. 3., n.2., p.446-447, 1995.

ROSEMBERG, Fúlvia. Políticas educacionais e gênero: um balanço dos anos 90. In: *Cadernos Pagu* Campinas: UNICAMP, n.16, p.151-197, 2001.

SABAT, Ruth. Pedagogia cultural, gênero e sexualidade. *Revista Estudos Feministas*. 2. sem, 2001.

SANTANA, Patrícia Maria Souza. *Professores negros*. Trajetória entre a formação e a transformação. 2003. Dissertação de Mestrado – Faculdade de Educação, Universidade Federal de Minas Gerais, Belo Horizonte: 2003.

SANTOS, Jurandir Freire. Da cor ao corpo: a violência do racismo. In: SOUZA, Neusa Santos. *Tornar-se negro:* as vicissitudes da identidade do negro brasileiro em ascensão social. Rio de Janeiro: Edições Graal, 1983.

SILVA, Eva Aparecida da. *Presença e experiência da mulher negra professora em Araraquara-SP.* 2003. Dissertação de mestrado. Campinas, Universidade de Campinas, 2003.

SODRÉ, Muniz. *Claros e escuros*; identidade, povo e mídia no Brasil. Petrópolis: Vozes, 2000.

SOUZA, Neuza Santos. *Tornar-se negro*. As vicissitudes da identidade do negro brasileiro em ascensão social. Rio de Janeiro: Edições Graal, 1983.

TADEI, Emanuel Mariano. A Mestiçagem enquanto dispositivo de poder e a constituição de nossa identidade nacional. In: *Psicologia: ciência e profissão*. Brasília: *Conselho Federal de Psicologia*, v.1, n.1, 2002.

VYGOTSKY, Lev. S. *Pensamento e Linguagem*. São Paulo: Martins Fontes, 1991.

ZIVIANI, Denise Conceição das Graças. *À flor da pele*: a alfabetização de crianças negras entre o estigma e a transformação. 2003. Dissertação de Mestrado. Faculdade de Filosofia Ciências e Letras, Universidade Federal de Minas Gerais, Belo Horizonte, 2003.

Periódico:

ALMEIDA, Eliana Fonseca. Falta resposta às 19h. Magazine. *O Tempo*, Belo Horizonte, 31 mar, 2004.

A AUTORA

Rosália Diogo, graduada em Jornalismo e Mestra em Psicologia Social pela Universidade Federal de Minas Gerais, é professora do Ensino Fundamental da Rede Municipal de Educação de Belo Horizonte e do curso de Pós-graduação em Estudos Africanos e Afro-brasileiros da PUC Minas.

| SETEFALAS |

educação

Rasuras no espelho de Narciso, obra publicada por Mazza Edições, em novembro de 2008, integra a Coleção Setefalas, que abrange as áreas de Literatura, Educação, Antropologia, História e Sociologia. A Coleção Setefalas, ao enfatizar o percurso metodológico que fundamenta as investigações sobre temas de reconhecida relevância, pretende estreitar o diálogo entre a universidade e a sociedade brasileira. Belo Horizonte, Minas Gerais, Brasil.

Este livro foi composto em tipologia Minion Pro e impresso em papel Offset 75g/m² (miolo) e Cartão Carolina 250 g/m² (capa), na primavera de dois mil e oito.